l'auteur de ce traitté est celuy qui a composé
l'histoire de l'Eglise de St Agnan Mr Hubert
doyen de cette Eglise

Reserve.

Ll²
82

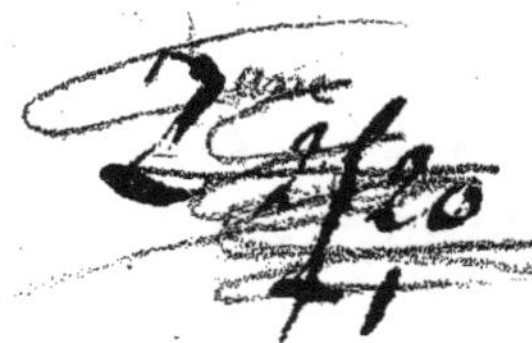

TRAITTE'
DE LA
NOBLESSE,

OÙ SONT AJOUTEZ
deux Discours, l'un de l'Origine
des Fiefs, & l'autre de la Foy
& de l'Hommage.

A ORLEANS,

Chez JEAN BOYER, Imprimeur
& Libraire ordinaire du Roy, & de
Monseigneur le Duc d'Orleans.

M. DC. LXXXI.
Avec Permission.

A
MONSEIGNEUR
LE DUC
DE COISLIN.

ONSEIGNEUR,

Lors que j'ay formé le dessein de
donner au Public ce petit Traitté:
Dans lequel j'ay recherché avec beaucoup d'exactitude l'Origine & le progrés de la Noblesse : J'ay crû que

quelque Methodique qu'il fût, il ne pouvoit avoir une approbation univerſelle, ſi je ne luy procurois un Patron d'aſſés grande Autorité, pour ſoûtenir la reputation que merite un ſi digne ſujet. J'avouë, MONSEIGNEUR, que d'abord il ſemble que ce ſoit à moy une temerité, d'avoir entrepris de trouver à la Nobleſſe une origine, vû que dans les ſentimens communs, elle n'en devroit point avoir ; Mais comme j'ay pouſſé les choſes juſques dans un temps, qui eſt auſſi ancien que le monde, qui a un commencement, je ne doute pas que les plus Cretiques n'en ſoient ſatisfaits. Et neantmoins quelque bonne opinion que j'aye de cét Ouvrage, je ne laiſſe pas de reconnoiſtre par experience, que les Ouvrages les plus polis, & les Matieres les mieux diſpoſées ſont ſujetes à la Cenſure, & le plus ſouvent à l'en-

gie. Ces confiderations, MONSEI-
GNEUR, m'ont entierement perfuadé,
que j'avois befoin d'un puiffant Pro-
tecteur. Et je ne pouvois en choifir un
qui eut des qualitez plus excellentes,
un Genie plus éclairé, un Courage
plus martial, une Naiffance plus Illuftre,
une Nobleffe plus ancienne, & qui
prift plus d'intereft à la gloire de fon
Ordre. Je pourois ajoûter à ces grandes qualitez, qui Vous font propres &
naturelles, toutes les Vertus Heroïques
de vos Illuftres Ancétres, aufquelles
Vous avez fuccedé, & que Vous poffe-
dez en un degré fi éminent. Mais ce
que je dis de Vous, MONSEIGNEUR,
eft beaucoup moins que ce qui eft en
Vous; Il faudroit pour vôtre Eloge un
Volume entier. Et pourvû que celuy-cy
ait affés de bon-heur pour ne vous pas
deplaire, je fuis au comble de mes fou-

haits : Puisqu'il me fait naistre une
occasion favorable pour vous asseurer
que je suis avec un profond respect,

MONSEIGNEUR,

Vôtre tres-humble & tres-
obeïssant Serviteur,

Table des Chapitres contenus en ce Traitté.

TRAITTÉ
DE LA
NOBLESSE.

CHAPITRE. I.

De la Noblesse Naturelle.

QUOY que les Jurifconful-
tes & les Politiques ne re-
connoiffent point de No-
bleffe Naturelle , il .eft
toute fois impoffible que l'homme qui
eft un ouvrage fi accomply , foit forty
de deffous la main de Dieu , dont il
eft l'Image & la reffemblance, fans
avoir efté pourveu de toutes les qua-

A

litez les plus excellentes & de tous les
Clem.
Al. lib.
2. str. ornemens les plus convenables à un
Chef-d'œuvre si parfait : *Quis Nobi-*
lior fuerit eo, cujus, solus pater est deus ?
Et il me semble que je pourois passer
plus outre, & dire : qu'Adam & tous
les premiers hommes étoient nobles;
que dans les siecles du premier âge,
cette illustre Qualité n'avoit point encore trouvé d'habitude contraire ou
(pour parler plus juste) de privation;
Que l'ignobilité n'est survenuë que
lors que la discorde s'est establie dans
le monde ; & que lors que le droit des
gens & celuy de la guerre se sont si
puissamment autorisez parmy les
hommes.

Mais sans trop m'arrester à ces maximes, qui ne sont fondées que sur la
loy ou sur le raisonnement : Je discer-
ne; en l'homme deux sortes de Noblesse : L'une naturelle, & l'autre accidentelle. La Naturelle, de laquelle
le premier homme estoit redevable
au seul Createur, & qui est atachée à
la nature & à la condition de l'hom-

me, n'eſt pas la Nobleſſe dont je dois
icy parler, & n'aura point de place
en ce diſcours: d'autant que cette Nobleſſe diſtingue ſeulement la dignité
de l'Homme, de l'eſtat commun des
autres creatures vivantes. J'obſerveray
ſeulement que c'eſt de cette Nobleſſe,
de laquelle l'homme fut dégradé enſuite de ſa deſobeïſſance pour luy &
pour tous ſes deſcendans; Et cette
meſme Nobleſſe ne ſe reparera jamais
qu'au jour de la reſurrection des Juſtes:
Où pour lors ce qui a eſté ſujet à la corruption deviendra incorruptible, ce
qui avoit perdu ſa Nobleſſe Originelle
deviendra glorieux, & ce qui a eſté
fragile & ſoüillé deviendra immor-
tel; & entierement épuré.

La Nobleſſe que l'on appelle Accidentelle eſt celle qui eſt acquiſe par
la ſplendeur des actions humaines, qui
fait qu'un homme eſt plus excellent
qu'un autre; & cette ſorte de Nobleſſe
eſt le ſujet ſur lequel roulle tout ce
Traité.

CHAPITRE II.

De la Noblesse Accidentelle.

LA Noblesse étant un accident en l'homme, il est assez difficile d'en concevoir la nature, par autre moyen que par ses effets ordinaires. Et d'autant qu'elle renferme en soy je ne sçay quelle felicité, qui fait que ceux qui en sont reveftus paffent pour heureux en la vie civile ; Il se la faut representer comme un estat avantageux, & comme un bien desirable, qui s'acquiert par vertu, & qui rend celuy qui en est poffeffeur, préferable à celuy qui demeure dans l'estat où sa misere l'a plongé. Car c'est une chofe conftante, que tous les hommes font égaux par la naiffance ; que comme enfans du Tres-Haut, ils font tous appellez à une mefme fin : *Velut filii Excelfi omnes*, ainfi que parle le Pro-

phete Royal ; mais ils n'ont pas tous les
mesmes inclinations ny les organes
disposez d'une mesme maniere pour
y parvenir. Car dés que le genre humain s'est multiplié sur la terre, on a
distingué l'estat different des hommes
par quelque qualité eminente qui
estoit attachée aux uns, & que les autres n'avoient point; & c'est cette difference, qui rend les uns nobles, & qui
laisse les autres sans recommandation.

Avant le déluge on voit des hommes qui se font signalez, les uns pour
avoir les premiers introduit publique-
ment le Culte divin, les autres pour
avoir esté inventeurs des Arts, d'autres encore pour avoir les premiers
basty des Villes : l'on peut dire que
chacun d'eux a esté recommandable
pour avoir esté éclairé, & d'avoir eu
ces prérogatives par dessus les autres.

La Noblesse Accidentelle se partage encore en deux especes. La premiere est celle de l'esprit, de laquelle

tous les hommes font capables , &
dont la plus grande part fe picquent :
Invia virtuti non eſt via ; le champ en
eſt ouvert à tout le monde ; c'eſt cette
vertu qui produit les belles ames , &
qui fait des Philoſophes ; c'eſt-elle
qui donne au public des Magiſtrats ,
& c'eſt-elle meſme qui forme les
grands Capitaines , & qui éleve des
gens d'une vile naiſſance aux Sceptres
& aux Thiares. Auſſi eſt ce en fa faveur
que le Poëte a dit : *Nobilitas ſola eſt
atque vnica virtus.* Un autre auſſi celebre avant luy en avoit dit d'avantage : *Nam genus & proavos & quæ non
fecimus ipſi, vix ea noſtra voco.* Il faut
toutefois demeurer d'accord que cette
forte de Nobleſſe , quoy qu'elle ſoit
Accidentelle , tient ſes avantages de
la nature , qui ne les diſtribuë qu'à
ceux qu'elle veut favorablement traitter : *& velut ſtella differt à ſtella* ainſi
que dit l'Apoſtre, de méme la Nobleſſe
diſtingue vn homme d'un autre , & le
rend auſſi plus accomply qu'un homme du commun.

La seconde espece de Noblesse
Accidentelle est la Noblesse Politique:
pour laquelle cette mesme nature
toute feconde & toute liberale qu'elle
est se trouve impuissante & deffectu-
euse, ne pouvant que donner des dis-
positions à la vertu, & non pas faire
qu'une naissance soit plus avantagée
en un homme qu'en un autre. C'est
cette Noblesse Polique qu'Aristo-
te appelle: *virtus generis & claritas ma-*
jorum, ce que Ozorius aparaphrase en
ces termes: *Splendor & dignitas generis*
in quo maximæ virtutes extiterunt vitæ
communi salutares & commodæ. Nostre
Langue ne souffre pas que je puisse
donner à ces termes une interpreta-
tion plus fidelle, que de l'appeller Noblesse de Sang.

Polit.
l. 3. c. 5
Rhet. l.
2. c. 15.

CHAPITE. III.

De la Noblesse du Sang.

LES Anciens ont dreſſé des Autels à la Nobleſſe qui procedoit de vertu. Toute l'Eſcole de Platon, & toute la Stoïque enſemble, jointes à tout ce qu'il y a de declamateurs, n'en ont jamais reconnu d'autres : Neanmoins aucune nation n'a négligé celle du Sang, nous voyons cette puiſſante Reyne de Carthage eſtre devenuë amoureuſe du grand Enée autant par la conſideration de ſa haute Naiſſance, que par ſa propre inclination : *credo equidem nec vana fides genus eſſe deorum.*

Les Egyptiens les Grecs & les Romains ont pris party pour la Nobleſſe du Sang. Les uns & les autres ont recherché les Origines de leurs Heros dans la plus profonde & dans la plus obſcure antiquité. Ils ont même été puiſer dans la fable & affecté des naiſſances prodigieuſes, comme des fruits provenans des ébats de leurs folles divinitez, pour les rendre d'autant plus admirables.

Je paſſe aux moyens pour parvenir à la Nobleſſe; la diverſité des temps nous en fera connoiſtre les differentes manieres.

Dans les premiers temps ou la Philoſophie regnoit avec plus d'empire & plus d'autorité, la ſeule vertu ſuffiſoit à celuy qui vouloit rendre ſa poſterité illuſtre. Et ſi celuy-là ne pouvoit pas encore ſe dire Noble, au moins étoit-il l'Autheur de la Nobleſſe de ſa Maiſon, puis qu'il en avoit le premier jetté les illuſtres fondemens; ſes décendans, continuant à vivre ſur les veſtiges de leur Autheur dans les mémes limites de vertu, on pouvoit dire d'eux qu'ils eſtoient d'extraction Noble, & qu'ils conſervoient dans leur famille la méme ſplendeur & la méme Nobleſſe.

B

Dans les ſiecles nouveaux, on ne s’eſt pas contenté de voir ſuppoſer des Trophées & des Statues d’ancé- tres imaginaires dans les veſtibules des Maiſons : il n’a pas été ſuffiſant de porter la perle à l’oreille, l’an- neau dans le doigt, & de forger des genealogies menſongeres, de pren- dre méme des blazons de metaux & de couleurs dans la plus grande juſ- teſſe de la Science heroïque ; il a falu trouver d’autres moyens civils, pour aſſeurer le tître de Nobleſſe dans les familles : Surquoy les Juriſcon- ſultes anciens & modernes ne diffe- rent en rien. Ils demeurent tous d’ac- cord, que l’on parvient à la Nobleſſe par benefice du Prince ou par la Loy des Eſtats : en conſideration de quel- que action ou employ digne de re- compence, & à certaines conditions que doivent accomplir ceux qui la recherchent. Céte maxime eſt receuë par tous les Peuples de l’Univers, qui ſont unanimement perſuadez que l’état de Nobleſſe ne ſe peut donner

que par les Souverains qui en sont
les sources , & qui la possedent au
plus haut degré d'excelence, & inde-
pendemment de qui que ce soit que
de Dieu : d'autant qu'il n'appartient
qu'à ces hautes-puissances de changer l'état de leurs Sujets ; de les relever de leur bassesse originelle , de
les combler d'honneur & d'en faire
passer les prerogatives à leur posterité :
Sic honorabitur quemcumqne Rex volue-   *Ester.*
rit honorare. Aussi ny à-il aucun mo-   *c. 6.*
yen de droit, soit usurpation, soit
possession ou richesses inveterées, qui
puissent prescrire contre une Origine populaire, & c'est une Loy generale & receuë en tout païs, qu'un châ-
cun est reputé populaire , s'il ne justi-
fie de sa Noblesse par quelque tître
ou par une possession immemoriale.

Les épreuves qu'il faut faire, & les
travaux qu'il faut subir pour atcein-
dre à la Noblesse , sont des Argu-
mens assés demonstratifs pour justifier
qu'elle est la recompense de la vertú;
& ainsi l'une étant la fin de l'autre

difficilement se peuvent elles separer sans se détruire. Si donc la vertu est une qualité si necessaire à un homme qui acquiert la Noblesse, il semble que par une suitte tres-evidente, celuy qui est né d'un Sang Noble (qui est ce que l'on appelle un Gentil'homme) doive toûjours faire provisions de vertus pour les employer en ces exercices ordinaires : *Nobilitas* *S. Rom.* (dit Clement Alexandrin) *Ostendi-* *Lib. 2.* *tur in eo quod quæ sunt pulcherrima ho-* *nestissimaque eligat & exerceat.* Et en éfet y à-t'il rien de plus beau en un Gentil'homme que d'avoir en souveraine recommandation la pieté envers Dieu & d'en faire les actions, & que d'être soûmis à sa providence ; est-il rien de plus Noble que d'être humain & honneste ? est-il rien de si glorieux que d'être liberal, que d'être prudent, que d'être juste, que d'être genereux magnanime & affable ? C'est pour ceux de cette trempe que le Prophete Roy parle, qui meritent que leur posterité soit puissante sur la ter-

re & que leurs Maisons soient remplies d'honneurs & de richesses : *Psalm.
c. x.*
*Potens in terra erit semen ejus : gloria &
divitiæ in domo.* Et tout au contraire,
si un Noble n'a rien de recommandable que sa naissance, qui n'a dépen-
du en aucune façon de luy, & qu'au
reste il soit sans vertu, la Noblesse
de son Sang ne luy pourra estre plus
avantageuse, qu'à un aveugle d'avoir
eu des Ancestres bien clairvoyans, ou
à un begue, ou mesme à un muet
d'estre descendu des plus excellens
Orateurs. La loüange des Autheurs
de sa Noblesse ne pourra aucunement
tourner à sa gloire ; Il ne pourra ven-
ter leurs proüesses, qu'à sa confusion,
leurs actions heroïques demeureront
comme mortes & ensevelies dans le
corps d'un indigne Successeur : *Quid* *Chry-
soft. in
Math.*
*enim prodeft ei quem sordidant mores
clara generatio.*

Miserable Noblesse ! que pouvez-
vous faire sans vertu, sinon de sui-
vre le panchant que vous donnent
vos mauvaises inclinations, & d'a-

buſer de l'autorité que vous uſurpez à cauſe devôtre naiſſance? Vous devie-drez ignorant , déloyal , injuſte & ſuperbe? Vous-vous laiſſerez empor-ter à la vanité , au faſte & au luxe? Vous-vous abandonnerez à l'impie-té , au brigandage & à la cruauté; & pour comble de miſere , vous tombe-rez dans la pauvreté , laquelle vous précipitera dans l'abîme de toutes ſor-tes de vices ; & enfin , vous devien-drez un ſujet d'abomination , & l'objet de la haine publique. Voila d'étranges moyens pour conſerver vôtre dignité. Il n'y en a que trop qui vivent dans ce déreglement , & que l'on pourroit ſans injuſtice retran-cher de cét ordre: & ſi dans les Eſtats on tolere cette Nobleſſe odieuſe, ce n'eſt que par la conſideration de quel-que ſorte d'honneur hereditaire en leur perſonne , & par l'eſperance que l'on conçoit de leurs enfans, qui peuvent ſe détourner du mauvais exemple de leurs peres , en repre-nant la trace des vertus de leurs An-ceſtres : *Non enim poterunt gloriam eo-*

rum sordidare paterni errores, dit S. Cri-
softome. Tout homme bien fensé
avoüera pourtant qu'il est bien plus
avantageux au bien public , de voir
des Heros d'une foible naissance, que
de voir des ames de boüe tirer leur
origine des Heros : *Nec Nobilitas nec*
ductum ab Hercule genus proderit nisi
omnis studio & opera illa ipsa gesserimus
per quæ ille mortalium omnium clarissi-
mus ac generosissimus extitit , ac per om-
nem vitam quæ honesta sunt & discamus
& exerceamus.

Ce n'est pas que je n'estime que
ceux qui sont nez Gentil'hommes
n'ayent pour l'ordinaire plus d'inclination au bien & plus d'honesteté que
les autres ; que la generosité ne leur
soit plus naturelle , & qu'il ny ait en
eux quelque heureuse necessité qui les
contraigne à leur devoir,& qui les em-
péche de se laisser déchoir du lustre
de leurs Ancêtres : *Origo hanc vim*
habet, ut multa preparet talia qualia ipsa
est. Et Platon même à céte complai-
sance pour eux lors- qu'il dit : *Melio-*

In
Math.

Plu-
tarch.
in Lac.

Stobeus
Sent.
86.

*In al-
cibiade*
res esse naturas in nobili genere quam in
ignobili. Horace exprime le même
sentiment avec une naïveté inimita-
*Lib. 4.
car. od.
4.*
ble : *fortes creantur fortibus & bonis,
est in juvincis, est in equis patrum virtus, nec imbellem feroces progenerant aqui-
læ colombam.* Ce qui pareillement a
fait dire au Prince de l'Eloquéce que
les gens de bien doivent toûjours estre
*Cic.
pro sex-
tio.*
favorables à la noblesse : *Omnes boni
semper Nobilitati favemus & quia vtile
est reipublica Nobiles homines esse dignos
majoribus suis, & quia valet apud nos
clarorum hominum & bene de republica
meritorum memoria etiam mortuorum.*

Je ne m'arreste pas seulement à la
Philosophie des anciens : L'écriture
Sainte en mil endroits loüe la Noblesse du Sang : Et precisement en
*1. Reg.
c. 2.*
ce qui est écrit en Samuel, qui fait
voir que Dieu donne la recompense
de noblesse à ceux qui l'honnorent;
Et en l'Ecclesiastique, où il est dit que
Dieu honnore le pere en ses enfans:
Que la gloire des nobles rejaillit sur
leurs enfans: Que la gloire des hommes

mes gist en l'honneur où est établie
sa famille : Que c'est une honte insup-
portable aux enfans d'estre nés de
peres sans honneur ; & ensuite l'Autheur de ce Livre tout divin, fait ex-
cellemment l'Eloge des Hommes Illustres ses Ancêtres, & de ceux qui
sont décendus d'eux & qui ont donné
sujet de placer leur nom & leurs faits
memorables dans les Histoires.

Ecclesi-
ast.
Chap. 8
10. 44

Isaïe grand Prophete, qui estoit issu
de la plus haute Noblesse de Judée,
puis qu'il tiroit son origine du Sang
des Roys, remarque fort la difference
entre celuy qui est Noble de race &
celuy qui ne l'est pas ; & le Prophete
Ozée reconnoît que le Noble tient
sa gloire du moment de sa Concep-
tion. Outre que c'est la verité qui
parle par la bouche de cet homme de
Dieu, c'est un Axiome de Physique
incontestable.

Chap. 2

S. Luc au commencement de son
Evangile, fait le Panegyrique de Saint
Jean-Baptiste par la Noblesse de son
origine, qu'il tiroit de Zacharie son

pere & de ſes Ayeux ſortis de Levi
par la lignée d'Aaron , & par celle Abia, qui fut le uitiéme des Chefs
des vingt-quatre familles ſacerdota-
les ; & ajoûte que du coſté maternel
il eſtoit ſorty de la tige du même
Aaron.

Saint Ambroiſe , heureuſement
In Luc·
L. I. pour nôtre ſujet, interprete ce paſſage
dans une admirable juſteſſe , lorſ-
qu'il dit : que l'intention de l'Evan-
geliſte a été de loüer ce grand Pre-
curſeur du Meſſie , par la Nobleſſe
de ſon Sang, auſſi bien que par celle
de ſes vertus , de ſes mœurs & de
ſes miracles.

Si donc la Nobleſſe du Sang
eſt le prix de la Nobleſſe de l'ame
qui conſiſte en vertu ; n'eſt-il pas
vray que l'une étant la fin de l'autre (comme j'ay cy-devant dit) il y
a quelque ſorte de felicité en elle,
qui fait qu'elle eſt quelque choſe de
plus digne & de plus excellent? N'eſt-
il pas vray auſſi , que l'eſprit ne ſe cul-
tive , que pour répandre ſur le Sang

(c'eft à dire fur la pofterité) les
recompenfes qui fon deuës à fes travaux ? & n'eft-il pas méme tout vifi-
ble, que les avantages de la Nobleffe
du Sang font en toutes chofes plus
confiderables que ceux de l'Ame ;
puifque la Nobleffe du Sang domi-
ne par tout, qu'elle partage les honneurs avec les Souverains, & qu'elle
donne des Monarques & des Princes dans tous les Eftats.

Il femble que cecy foit un Para-
doxe ; mais le grand Saint Chryfolo-
gue m'eft garand de cette penfée par
trois maximes : les honneurs, dit-il ,
qui naiffent avec nous , font plus
eftimables que ceux que nous acque-
rons ; ce qui vient de naiffance marche le premier , & ce qui s'aquiert
ne fait que fuivre ; & il y a plus de
gloire d'avoir de l'honneur que
d'en aquerir : *Major eft innata gloria* Petr.
quam quæfita , precedit quod venit ab Chryfol.
origine quod fequitur ex labore , glo- Ser. 89.
riam beatius eft habere quam quærere.
On voit par là que la Nobleffe de

B ij

l'ame n'a pas fa jufte recompen e en ce bas monde proportionnement à ce qu'elle merite, & qu'il faut eftre perfuadé que fes Couronnes luy font refervées pour la vie future ; puifque volontiers elle laiffe regner icy-bas la Nobleffe du Sang, & qu'elle luy abandonne toutes fes prerogatives.

Je ne puis en cét endroit paffer fous filence, l'eftime que nos Roys de la premiere lignée ont fait de leur Nobleffe, & particulierement de celle que l'on appelloit du Sang des François. Toute la puiffance & toute l'autorité Royale eftoit fouftenuë par cét Illuftre état, que les Hiftoriens de la feconde lignée appellent la vigueur de la Monarchie : *Virtus Regni* ; Les Peuples l'avoient auffi en finguliere veneration. Les anciennes legendes font foy que la plufpart des Evêques étoient tirez du corps de la Nobleffe. Il y a encore dans le Clergé de France des Eglifes & des Monafteres qui confervent cette prerogative, de n'ad-

metre dans leurs Chapitres & Con-
gregations aucuns Chanoines, & aucuns Moines, s'ils ne font iſſus de
parens Nobles de race, & s'ils n'en
ont fait auparavant les preuves.

CHAPITRE IV·

De la fauſſe Nobleſſe.

DE tous les moyens civils qu'il
y a pour parvenir à la Nobleſſe,
je n'en trouve aucun qui ne ſoit ap-
puyé, ou au moins coloré de quelque
action de vertu. Les derniers Siecles
n'ont pas changé les voyes directes,
qui font libres & ouvertes à tout le
monde pour acquerir de l'honneur.
Jamais l'antiquité n'a accordé aux
Soldats les Colliers, les Bracelets &
les Harnois, que pour recompenſer
leur valeur ; jamais à Rome l'on a
deferé les Triomphes,& les Couronnes de toutes les manieres, qu'à ceux

dont la republique vouloit manifester les actions heroïques. Quand le Grand Marcellus fit bâtir en cette Capitale du monde les Temples de l'Honneur & de la Vertu , il les fit disposer d'une telle maniere, qu'il n'y avoit point d'autre porte pour entrer dans le Temple de l'Honneur , que par celuy de la Vertu , qui sembloit ne luy servir que de vestibule. Par là ce grand Capitaine voulût monstrer aux Romains qu'il n'y avoit point d'autre chemin qui conduisist aux honneurs, que l'exercice continuel de la vertu.

C'est pourtant un desordre, qui n'a été que trop ordinaire dans les Siecles passez , & qui s'est glissé jusqu'à nostre temps, où il s'est toûjours rencontré des gens sans merite & avide d'honneur , qui par leur industrie & par leurs artifices se sont insinuez dans l'ordre de Noblesse. Il y en a eu aussi d'autres, ausquels l'affluence de biens, les grandes richesses , & ensemble la misere de leurs voisins, lesquels se

font attachez à eux, ont acquis ce titre d'honneur , que les voyes legitimes & accoûtumées leurs avoient re-
fusé ; & dont enfin par un long usage,
ou par l'obscurité des temps , ou
par l'inadvertance des Officiers des
Princes, leurs décendans se sont trou-
vez en bonne & seure possession.
Mais quelques belles apparences que
puissent garder ces Intruts parmy la
Noblesse, le long-temps, ny la prescrip-
tion ne les met pas à couvert, & ne les
rend pas legitimes possesseurs d'un
honneur qu'ils ont usurpé par leurs
déguisemens.

Ces Usurpateurs ont peché dans le
principe ; ils ont entré dans une condition relevée par la porte de la fausse-
té , ou par celle de la violence, ou par
celle des richesses immenses, qu'ils ont
accumulées en opprimant le pauvre
peuple. Leurs décendans peuvent-ils
faire trophée de la vertu de ces pre-
tendus acquereurs de Noblesse. Peut-
on se rapporter à leur bonne-foy ,
plûtost qu'à celles de leurs ancestres ?

Se peuvent-ils prevaloir de la foy de Gentil-homme, ſi leur Nobleſſe eſt acquiſe par des voyes criminelles?

Rarement voit-on proſperer cette infame Nobleſſe. Il y a un proverbe françois qui eſt fait juſtement pour eux, & qui donne quelque recompéſe à leur déloyauté ; *cent ans en Baniere & cent ans en Civiere.* Et pour en parler d'un ton plus grave, cette Nobleſſe adulterine eſtablie par des crimes, ne reçoit pas d'ordinaire les benedictions temporelles pour ſa poſterité, pareilles à celles de la Nobleſſe legitime. Rarement la voit-on conſerver ſes honneurs chancelans juſqu'à la troiſiéme generation : *De* Adag. Gil. c. *male quæſitis non gaudet tertius hæres.* Ce que le Poëte n'a point dit trop à la legere, cela n'eſtant aujourd'huy que trop frequent.

CHAPITRE V.

Comparaison de la Domination ou Souveraineté & de la Nobleſſe.

ENTRE les advantages de la Nobleſſe, il faut compter celuy-cy comme le plus glorieux pour elle, qui eſt : qu'à peine peut-on diſcerner laquelle eſt la plus ancienne dans le monde ou la Nobleſſe, ou la Domination, c'eſt à dire l'autorité ſouveraine. Il ſemble par les ſentimens communs, que quiconque eſtablît la Domination, à même temps inſtitua la Nobleſſe ; car apparemment le choix qui eſt fait de celuy qui devoit dominer, preſupoſe quelque choſe de plus digne en ſa perſonne, qu'en celle des autres. En ſorte que la Nobleſſe auroit au moins une origine de pareille ancienneté que la domination.

Mais l'experience & l'ordre des
chofes me perfuadent du contraire,
& me font penfer que comme la caufe eft toûjours plus ancienne que fon
effect, de même dans l'ordre du temps
la Nobleffe doit preceder la Domination.

Genefe
C. 1.   Pour preuve de cecy, je voy que
dans la Genefe, lors que Dieu crea
l'homme, il luy donna la Nobleffe
le formant fur fa propre reffemblance, & enfuitte il luy donna l'Empire
& la Domination fur les animaux de
l'air, des eaux & de la terre.

Dans le fecond âge du monde, ceux
qui s'arrogerent la principauté, ou
qui furent établi en ce haut point
d'honneur, en furent jugez dignes, comme difcernez du commun
des hommes, par la Nobleffe de leurs
actions, foit pour avoir été plus gens
de bien que les autres hommes naturellement enclins au mal, foit pour
avoir efté plus éclairez dans les fcien-
ces, plus prudens dans les confeils
plus juftes, plus adroits, plus robuftes,
plus opulens, plus liberaux, plus capa-

bles pour gouverner les peuples, plus
fermes pour soûtenir les hommes vertueux, plus resolus pour proteger les
foibles & les mediocres, plus autho-
risez pour faire joüir paisiblement un
chacun de ce que la Loy ou la Nature luy accorde, & plus vigoureux
& plus severe pour punir les mé-
chans.

Ie voy aussi dans le même livre de
la Genese, que Dieu a souvent re-
compensé la vertu des Patriarches par
la Noblesse & par la Domination.
Noë le Reparateur du Genre humain aprés avoir éprouvé en ses deux
fils Sem & Iaphet, une parfaite inclination à la vertu, une grande honnesteté de mœurs, & un profond respect pour luy, les confirma par ces
parolles prophetiques en Noblesse &
en Domination: *Benedictus Dominus
Deus Sem, sit Canaam servus ejus. di-* *Genese*
latet Deus Iaphet & habitet in taber- 9
naculis Sem, sit q; Canaam servus ejus.
Il leur predit par cét Oracle la future
grandeur de leurs deceadans, & par

un jufte châtiment que meritoit l'im-
pudence de Cham , il foumît à leur
Empire fon fils Canaam & fa pofterité.

La vertu du grand Abraham fut
aufli recompenfée de la Nobleffe &
de la Domination , quand Dieu luy
Genefe promît , que des Roys fortiroient de
16 & 17 fon côté & que fes enfans feroient
puiffans fur la Terre.

On remarque qu'entre les enfans
de Jacob, qui fans doute étoit né de
Sang Illuftre , encore qu'il ne fût que
Pafteur, les plus vertueux eurent par
la benediction de leur pere, la Domination & la Nobleffe en partage,
pour eux & pour leur Tribut : *Non*
aufferetur Sceptrum de Iuda & dux de
femore ejus, &c. Ceux qui étoient nez
Genefe des fervantes n'eurent aucune portion
C. 4. 9. en ce partage d'honneur , & même
il y en eut deux, de ceux qui étoient
nez d'une des femmes legitimes qui
décheurent de la Nobleffe paternel-
le ; l'un par le mal'heur de fa naiffance, étant venu le dernier des en-

fans de Lia, l'autre par un crime abominable contre l'honneur de fon pere, dont il y aura lieu de parler cy-aprés.

L'Autorité de l'Ecriture Sainte nous devroit étre fuffifante pour cela, étant le Livre le plus Authentique & le plus feur en toutes chofes. Puis que Moïfe prit des fages & des Nobles pour commander le Peuple fous fon autorité. Mais la matiere dont il s'agift tenant un peu du profane, il y faut ajoûter l'autorité des Efcrivains profanes. Platon dit qu'il eft à propos que les Riches dominent les peuples. Ariftote fon Difciple eft bien de méme avis; mais il a ajoûté que les Nobles ont droit de s'attribuër le commandement : Et il eft conftant que ce qui s'appelle commandement n'eft autre chofe que la Domination; & que la Domination, ainfi qu'écrit Ammian Marcelin, eft juftement le foin du Salut d'autruy : *nihil aliud effe Imperium, ut fapientes definiunt, nifi curam Salutis aliena,*

Deute-
ron. Ch.
1.

Politi-
cos Lib,
3. Cap
2.

Lib. 20

Il semble par ces maximes, qu'il y ait de la justice, que les Nobles & les Riches commandent ceux qui n'ont pas ces excellentes qualités. Veu même que l'on remarque que le commendement, qui part de personnes de basse naissance & dépourveuës de Richesses, quoy qu'elles ayent d'ailleurs de grands merites, est ordinairement méprisé. Aussi n'y a-t-il point de replique aux decisions de ces grands Philosophes & grands politiques tout ensemble, quand ils ont dit, que les Nobles & les Riches ont le droit de commander ; mais ils n'en apportent pas la juste raison. Saint Augustin qui estoit plus éclairé & plus penetrant qu'eux dans les secrets du Ciel, remet cela à la conduite de Dieu, & à sa Providence, qui dispose de toutes choses : *Non tribuamus dandi Regni atque Imperii potestatem nisi Deo vero, qui dat fœlicitatem in Regno Cælorum piis, Regnum vero terrenum piis & impiis sicut ei placet, cui nihil injusti placet.* Cela suffit

De civitate Dei Lib. 5. C. 21.

pour la comparaiſon de laNobleſſe
avec la Domination. Je paſſe aux
differens degrez de Nobleſſe, pour
voir ce qui peut valablement mettre de la diſtinction entre les Gentils-hommes.

CHAPITRE. VI.
Des differentes Conditions en la Nobleſſe.

SI j'avois icy entrepris l'Eloge de
la Nobleſſe de l'Ame, je me ſe-
rois ſimplement attaché à faire voir,
que la vertu ſeule repanduë plus
abondamment en une perſonne qu'en
un autre, y met toute la difference.

Mais comme je me ſuis propoſé
de traitter particulierement de la Nobleſſe du Sang, laquelle étant nuë-
ment attachée aux choſes mondaines,
que l'ambition ſuggere plûtoſt que
la juſtice naturelle ; je ne puis luy
donner un plus ferme appuy, que celuy des richeſſes. Ces richeſſes, dis-je,
font les degrez & marquent les eſpa-

ces qui peuvent mettre de la diffe
rence entre les personnes Nobles. Et
ce n'est point par la corruption des
mœurs des derniers Siecles que toutes choses se pesent, se mesurent &
s'estiment au prix de l'Argent. Le sage
en l'Ecriture disoit : que c'estoit déja
le malheur de son temps , que tout
rendoit hommage aux richesses : *&*
pecuniæ obediunt omnia ; Il ne faut donc
pas trop admirer si les richesses , les
hauts emplois & les biens de la fortune, sont la juste balance qui met l'éga-
lité, ou la difference entre les Gentils-
hommes : On peut bien s'en rapporter
à Aristote qui est de ce sentiment, &
en parle en cette maniere : *Nobilitatis*
quoq; differentiæ sunt secundum opulen-
tiam, & magnitudinem census. Sunt enim
alij Equites, quod munus nemo faciliter
supportare potest , nisi sit dives. Car
quoy que les Gentils-hommes soient
tous égaux en condition , ils ne le sont
pas tous en fortune & en opulence. Ce qui fait qu'en chaque
Estat & en chaque Royaume, il y
a bien

a bien des differens degrez de Nobleſſe.

En Angleterre on n'en diſtingue
quedeux, Le premier eſt de la Nobleſſe
qualifiée par quelque titre de dignité ou de Duc, ou de Comte, ou de
Marquis, ou de Vicomte, ou de Baron.
Le ſecond eſt celuy de la Nobleſſe
ſimple & ſans dignité, qui pourtant a
ſes degrez, à ſçavoir celuy des Chevaliers, & celuy des Eſcuyers.

Les Eſpagnols chez qui la Nobleſſe n'eſt pas ancienne, par la con-
feſſion meſme de ceux de leur Nation, & deſquels les maiſons les plus illuſtres, trouvent leur origine dans
celles des particuliers dont la valeur
a acquis le rang que tient aujourd'huy leur poſterité, admettent
juſques à ſix degrez de Nobleſſe, qui
pourroient ainſi, comme ailleurs, ſe
reduire en deux. Mais ſelon leurs
maximes, la haute Nobleſſe a trois
degrez en montant. Le premier eſt
celuy des Barons ; le ſecond celuy
des Ducs, des Marquis, & des Com-

Ivan.
Huarte.
ch. 16

C

tes ; le troiſiéme qui eſt le plus emi-
nent eſt celuy des Princes. On ne
peut pas monter plus haut : par ce
que lesRoys ſont au deſſus de tout ce
qu'il y a de Noble , & meſme ſont
comme la ſource de la Nobleſſe ;
& pour ainſi dire, ils ſont la Nobleſſe
meſme ; & c'eſt pour cette raiſon que
l'on ne les doit pas comprendre dans
la Cathegorie de la haute Nobleſſe.
La ſimple Nobleſſe a pareillement
trois degrez en deſcendans. Dont
auſſi le premier degré eſt la Nobleſſe
qui a ſimplement Juriſdiction ; Le ſecond eſt la Nobleſſe de race ſans Ju-
riſdiction : Et le troiſiéme eſt l'eſtat
le plus bas de la Nobleſſe, qui eſt compoſé de perſonnes qui vivent noblement, quoyquils ne ſoient pas iſſus
de ſang Noble.

Dans les Allemagnes, où la No-
b'eſſe eſt ſans origine, & plus eſtimée
que toutes les richeſſes du monde ; il
n'y a que deux degrez de Nobleſſe.
Le premier eſt des Nobles qu'ils appellent Immediats à l'Empereur ; tels

que font les Electeurs, les Princes
de l'Empire, Evefques, Ducs, Comtes Palatins , Marquis, Landgraves,
Burggraves, (ceux-cy font Souverains) les Comtes & les Barons. La
dignité de ces derniers n'a pas tou-
jours esté fi relevée qu'elle eft, s'étant
augmentée avec leur authorité dans
le cours des fiecles. Les uns & les autres neanmoins ont des grandes prerogatives. Ils ont toute Jurifdiction
fur leurs fujets ; ils affemblent leurs
Eftats ; ils font des Ordonnances, ils
font battre monnoye ; ils envoyent
des Ambaffadeurs aux Roys & aux
Princes. Les nouveaux Proteftans
leurs attribuent mefme le droit de
reformer les Dogmes de la Religion ;
mais cette prerogative ne leur peut
appartenir, non plus que le droit de
faire des Nobles, qui eft le droit du
feul Empereur dans l'eftenduë de
l'Empire. Le fecond degré des Nobles d'Allemagne eft de la fimple
Nobleffe, que l'on appelle Mediate,
qui tient de l'Empereur ; mais par

moyen ; c'eſt à dire, ſous l'authorité
de quelque Potentat. Cette Noblef-
ſe ne laiſſe pas d'avoir beaucoup
d'authorité dans l'eſtenduë de ſes
fiefs. Elle eſt preferée pour la Magiſtrature aux Roturiers, & eſt à peu
prés dans l'Allemagne, ce qu'eſt en
France la moindre Nobleſſe au def-
ſus des ſimples Bourgeois des Villes.

Dans les Empires du Noorth, il y
a des loix particulieres, pour la Nobleſſe.

En Dannemark, la Nobleſſe com-
poſe le ſecond Ordre de l'Eſtat ; il
n'y a point de Titulaires, de Duchez,
de Comtez, de Marquiſats, ny de
Barons : Les Gentil-hommes ne ſe
font diſtinguer que par la vertu & par
le merite ; & la plus grande gloire à
laquelle puiſſe aſpirer un Gentil-
homme, eſt d'eſtre aſſoſié à l'Ordre
des Chevaliers de l'Elephant. Les
noms des Familles Nobles ſont in-
ferées en un Catalogue public ; les
Officiers de la Couronne, & les Se-

nateurs du Royaume sont choisis sur
ce Catalogue ; & il n'est pas permis à
un Noble d'acquerir ny de posseder
des biens Rustiques, c'est ce que nous
disons en France terre en Roture.

Dans les Estats du Roy de Suede,
il y a de la distinction dans l'Ordre
de la Noblesse. Elle est divisée en
trois classes. La premiere est des Maisons qui portent le titre de Comte ou
de Baron. La seconde est la Noblef-
se Patricienne, qui comprend ceux
qui actuellement sont dans la Robe,
& ceux dont les Peres & les Ancêtres ont esté Senateurs du Royaume.
Et la troisiéme comprend tout le reste
de la Noblesse.

En Pologne l'Estat de la Noblesse
est à peu prés semblable à celuy de
France.

Il n'y avoit point autrefois de difference entre les Nobles chez les In-
diens. Tout barbares qu'estoient
ces Peuples, avant que les Portugais
leurs eussent porté les mœurs des Eu-
ropeans, ils ne laissoient pas d'avoir

beaucoup de confideration pour leur
Nobleffe ; parce que felon leur Politique , elle ne fe pouvoit perdre par
aucune forfaicture : auffi ne fe pou-
voit-elle acquerir par un homme populaire , quelque merite qu'il puft
avoir, & quelque fervice qu'il eut rendu à l'Eftat & au Public ; Il falloit
qu'un chacun fe confervaft dans la
condition de fa naiffance.

Les Turcs chez lefquels il n'y a
point de Nobleffe politique , n'ont
pas lieu d'y mettre aucune difference.
Ils font confifter la Nobleffe de leur
Nation en force, en adreffe & en valeur : & eftiment que les plus Nobles
parmy eux font ceux qui ne connoiffent ny leur pere ny leur mere, & qui
n'ont aucune lumiere de leur origine.

Les Egyptiens refpectoient beaucoup leur Nobleffe ; & pour la maintenir en fon éclat, fans y mettre aucune difference, ils luy donnoient des
Terres Fifcales, afin de luy ofter toute
occafion de trafic . & luy empef-

cher de vivre mechaniquement : &
de plus ils vouloient que les Nobles
fuſſent reconnus par leur longue che-
velure.

En France, quoyque la dignité, la
gloire & la fortune des ordres qui
compoſent cette grande Monarchie,
ſoient aſſez reconnués, & qu'uncha-
cun ſçache aſſez quel eſt l'eſtar de la
Nobleſſe en ce Royaume : à peine
toutefois peut-on marquer juſtement
la difference qui doit eſtre entre les
Nobles. En ſorte qu'il ſe faut ar-
reſter aux anciennes maximes : ſuivant leſquelles on n'a jamais conſideré que deux degrez de Nobleſſe,
à ſçavoir celuy de ceux que l'on appelle Gentils-hommes, & un autre
plus relevé qui eſt celuy des Princes.
L'un & l'autre regardent le ſang &
la naiſſance : mais la ſucceſſion des
temps leur donne aux uns & aux autres des effets bien contraires touchant leur condition ; car plus la Nobleſſe des Princes, qui ne ſont pas
Souverains, va en advançant, plus

elle s'éloigne de la Souveraineté qui est
son principe, & d'autant plus aussi elle s'abbaisse, & semble-elle degenerer. Et tout au contraire plus la Noblesse des Gentils-hommes vieillit,
plus elle s'écarte d'une souche populaire : & d'autant plus elle s'acquiert
d'honneur & de gloire, & a cet avantage commun avec les Souverains.

    Nous avons aussi à remarquer, sans
nous écarter de nostre sujet, qu'en
France il y a de deux sortes de Princes : à sçavoir en premier lieu ceux
qui sont issus du Sang de nos Roys,
que nous appellons Princes du Sang.
Ces Princes surpassent en Noblesse
tous les Empereurs & tous les Roys
de la Terre ; puisque ils ont une origine la plus illustre qui soit dans le
monde. Je laisse à part la dispute qui
est entre les Historiographes , touchant les Ancêtres de nos Roys avant
Robert le Fort, dit le Saxõ; car soit que
ce Prince fut sorti des Princes de Saxe
par la ligne de Vuitiquind, soit qu'il
tirast sa genealogie des Princes d'Au-

Math.
paris. ad
ann.
1239.

ſtraſie par celle de Childebrand, frere
de Charles Martel, & Oncle du Roy
Pepin, l'origine en eſt tres-Auguſte.
Et comme toute la controverſe tend
à ſçavoir laquelle eſt la plus certaine des deux opinions, il n'y a pas lieu
icy de s'engager en cette diſcuſ-
ſion.

Nous avons en ſecond lieu les Princes Eſtrangers puiſnez des Maiſons
Souveraines, leſquels prennent party
en France, & s'attachent à la perſonne du Roy. Leur aſſiduité à la Cour
contribuë fort à la grandeur & à la
gloire du Monarque. C'eſt pour cela qu'ils y ſont conſiderez avec leur
qualité de Prince, & principalement
par ceux auſquels elle ne fait point
d'ombrage. Mais les Parlemens &
les grands Seigneurs ont peine à to-
lerer les favorable traîtemens qu'on
leur y fait.

Enfin l'eſtat des Gentils-hommes
peut eſtre diſtingué par deux degrez.
Le premier, & le plus naturel, eſt celuy
des ſimples Gentils-hommes ; & le

second, celuy de la haute Nobleſſe, laquelle maintenant n'eſt diſcernée du
premier degré que par l'opulence, par
les grandes Seigneuries, par les charges & par les emplois conſiderables.
Cette haute Nobleſſe eſt celle qui
anciennement compoſoit l'ordre, que
l'on appelloit les Barons François.

Je ne trouve pas qu'il y ait de Regle certaine pour la ſubordination
qui ſe rencontre dans l'eſtat de la
Nobleſſe. Les ſimples Gentils-hommes ne ſe ſoûmettent point à reconnoiſtre cette diſtinction, quoyque
elle ſoit effective : & toutefois à dire
le vray, il ſemble que la raiſon prenne
leur party. Car il n'eſt rien plus certain, qu'un grand employ, une grande
charge, une grande Seigneurie, peuvent bien rendre un Gentil-homme
plus illuſtre & plus conſiderable dans
un eſtat; mais tout cela joint enſemble ne le rendra pas plus Gentil-homme, & n'ajoûtera pas un quartier
davantage dans l'eſcu de ſes armes

L'experience fait aſſez voir que

ces advantages accidentels & paſſa-
gers en la haute Nobleſſe venant à
manquer, laiſſent ſouvent les enfans
de ceux qui en eſtoient poſſeſſeurs
dans le ſimple eſtat que la naiſſance
leur avoit donné ; & chacun ſçait
aſſez que les Seigneuries, telles que
ſont les Duchez, Marquiſats, Comtez, Vicomtez, Baronnies & Cha-
ſtellenies, les Offices de la Couronne,
les Gouvernemens, & les Magiſtra-
tures, n'ajoûtent rien à la naiſſance
des Gentils-hommes : d'autant que
ce ſont ſeulement dignitez perſon-
nelles, ou titres attachez aux terres,
dont les honneurs ne paſſent ny ne ſe
répandent pas neceſſairement ſur les
deſcendans. Car il eſt conſtant que
ſous nos Roys de la ſeconde lignée ;
ces titres de Seigneuries & de Dignitez, n'eſtoient que des offices tenus
à la volonté du Prince, ou au plus à
la vie de celuy qui en eſtoit pourveu.

Mais au fond il faut que les ſimples Gentils-hommes demeurent

d'accord, qu'il y a des Gentils-hommes plus qualifiez les uns que les autres : & que c'est la qualité qui met
la distinction dont l'on entend parler : Et de cette distinction de Noblesse, l'on entre facilement dans
une autre, qui est, qu'il y a des maisons d'ancienne Noblesse, & qu'il y
en a d'autres que l'on appelle Maisons Illustres ; celles-cy ne sont dites
Illustres, que parce que leur Ancestres
ont passé par les premieres Charges &
par les premieres Dignitez de l'Estat.

La vraye difference qu'il y avoit
autrefois en France entre les conditions des Nobles se reconnoist ma-
nifestement dans les anciens Roolles
de la Gendarmerie Françoises, qui
sont conservez en la Chambre des
Comptes à Paris ; où on voit que la
discipline militaire estoit beaucoup
plus exactement observée qu'elle n'est
à present, & où chaque Gentil-homme tenoit le rang que luy donnoit
sa qualité & son employ ; car les uns
estoient Chevaliers, & les autres

Escuyers : & quoy que les uns & les
autres fussent reputez également Nobles, toute fois leurs prerogatives &
leurs soldes n'estoient pas égales. Les
Comptes de l'ordinaire de la Guerre
font foy de cecy ; un Chevalier Banneret estoit appointé au double d'un
Escuyer, & un Escuyer au double
d'un Archer.

Il en est à peu prés de mesme des
Chevaliers à l'égard des Escuyers,
qu'il est des Ducs, Marquis & autres que nous avons cy-dessus remar-
quez à l'égard des simples Gentils-
hommes. Veu qu'un Chevalier Banneret, pour avoir plus grand nombre de Vassaux en sa Compagnie,
& un plus grand équipage, n'estoit
pas plus soldat, ny plus brave qu'un
Escuyer, qui paye de sa seule personne.

CHAPITRE VII.

De la qualité de Chevalier.

L'Ambition, qui de toutes les passions est celle qui échauffe le plus l'esprit de la Noblesse, met un tel déreglement dans ce puissant Ordre, que l'on ne reconnoist presque plus la difference qui doit estre entre un Chevalier & un Escuyer; & cela m'engage d'autant plus à faire voir le juste estat de l'un & de l'autre; quels honneurs sont deubs à un Chevalier, & quelles prerogatives il a au dessus d'un Escuyer.

Il n'est pas besoin d'aller chercher l'origine de la Chevalerie, ny chez les Grecs, ny chez les Romains.

La Nature qui produit les choses sans artifice, laisse toûjours aux hommes suffisamment d'industrie pour leur donner la perfection. Suivant cette maxime, on peut dire, & il est constant, que la naissance produit beaucoup de Gentils-hommes, &

qu'elle ne fait point de Chevaliers;
d'autant que la qualité de Chevalier
est une recompense d'actions meri-
toires, & une marque glorieuse d'employ & de dignité. C'est aussi une
faveur singuliere que les Roys & les
Empereurs font à des Princes, à des
Gentils-hommes, & à des Soldats
d'une valeur extraordinaire, leur donnant le Baudrier, la Ceinture militaire, les Esperons d'orez, avec l'Accolade & le Baiser, qui sont les sym-
boles de Chevalerie. Les Chevaliers
créez en cette maniere, ne sont pas
attachez à aucun ordre, ny à aucune
milice particuliere. Ceux de cette
qualité estoient autrefois appellez,
Equites aurati, Chevaliers de la Milice d'orée, ou Chevaliers d'Armes:
En France dans les chartes & dans
les actes publics, ils estoient simplement qualifiez, *Milites*.

Les Histoires anciennes & modernes sont remplies des Ceremonies
que nos Roys ont observées en sem-
blables occasions. L'Empereur Char-

lemagne donna le Baudrier & l'efpée de Chevalerie en la Ville de Ingelhein, Palais Imperial fur le Rhin, à Louïs le Debonnaire fon fils. Le même Louïs le Debonnaire auffi Empereur, mit la Couronne fur la tête à Charles le Chauve, & en la mefme Ceremonie, luy ceignit l'Efpée. Cela a efté pratiqué par leurs Succeffeurs au Royaume de France, qui faifoient leurs enfans & ceux des grands Seigneurs Chevaliers, lorfque ces Princes affembloient leurs Eftats, & qu'ils tenoient leurs cours.

Je remarque dans noftre Hiftoire que ces Anciens formules furent renouvellées par le Roy Philippes Augufte, l'an 1209. lorfqu'il fit Chevalier de fa propre main Louïs fon fils aîné, & fon Succeffeur au Royaume; & qu'il luy donna la Ceinture & l'Efpée de Chevalier le jour de la Pentecofte, en prefence de tous les grands Seigneurs du Royaume, & en la maniere la plus augufte qui fe fut jamais pratiquée en France.

L'an

L'an 1241. Alphonse Comte de Poitou & de Tholose, fils du mesme Louïs, depuis Roy de France, huitiéme du Nom, fut fait Chevalier à Saumur le jour de S. Jean-Baptiste en grande magnificence, par le Roy S. Louïs son frere. Jean Comte de Dreux, Prince du Sang, fut aussi fait Chevalier en cette occasion.

L'an 1268. Philippes le Hardy receut l'honneur de la Chevalerie des mains du mesme Roy Saint Louïs son Pere.

L'an 1284. Le mesme Philippes fit pareillement Chevalier Philippes son fils aîné, depuis Roy de France, quatriéme du Nom, surnommé Lebel, le jour de l'Assomption de Nostre-Dame.

L'an 1313. Le jour de la Feste de la Pentecoste, le mesme Philippes Lebel donna l'Accolade à ses trois fils Louïs, Philippes, & Charles, tous trois successivement Roys, en presence des plus grands Seigneurs du Royaume.

D

L'an 1317. ce dernier Philippes qui fût furnommé le Long , eftant parvenu à la Couronne, fit Chevalier, dans la ceremonie de fon Sacre, Eudes IV. Duc de Bourgogne.

Et l'an 1350. le Roy Jean fit auffi Chevaliers fes deux fils aînez Charles & Louïs.

Cet honneur de Chevalerie eft quelque chofe de fi excellent, que les Roys, les Empereurs , & les grands Princes, n'ont point dédeigné d'eftre fait Chevaliers, & de recevoir l'efpée & l'Accolade de Perfonnages fignalez, quoyqu'ils fuffent bien au deffous de leur condition.

Auffi n'eft-ce pas un droit fi effentiellement attaché à la Souveraineté, de faire des Chevaliers, que les autres Princes, & Generaux d'Armées, n'en puiffent pareillement faire.

Hiftoire de Bertr. du Guefclin.

Le Conneftable Bertrand du Guefclin fit Chevalier , Louïs de France, premier du Nom, Duc d'Orleans , fils puifné du Roy Charles V. fur les fonts Baptifmaux de l'E-

glise de S. Paul à Paris, en qualité
de second Parrin, selon l'usage du
temps, avec Louïs d'Evreux, Comte
d'Estempes, Prince du Sang, le 15.
Mars 1371. Voicy la formule en laquelle parla le Connestable : Mon
Seigneur, je vous donne cet épée, &
la mets en vostre main, & prie Dieu
qu'il vous doint un tel & si bon cœur,
que vous soyez encore aussi preux &
aussi bon Chevalier, que fût onques
Roy de France, qui portast épée,
Amen. Amen. Amen.

Cela a fait dire à Enguerrant de
Monstrelet en ses Chroniques, que ce
que fit le Roy Louïs XI à son sacre en
la Ville de Reims (lorsqu'il tira son
épée, & la donna au Duc de Bourgogne, le priant de le faire Chevalier
de sa main) & que ce que fit le Duc
en obeïssant au commandement du
Roy, & luy donnant l'Accolade,
estoient des choses nouvelles; parce
que l'on tenoit pour constant, que
tous les fils de France estoient faits
Chevaliers à leur Baptême : Nean-

moins cette cérémonie , qui se passa
au Baptême de Loüis Duc d'Orleans,
où ce Prince fût fait Chevalier , est
l'unique exemple qui paroisse dans
nos Histoires.

Le Chevalier Bayard , eut l'honneur de faire Chevalier un de nos
plus genereux Monarques. On n'est
point d'accord du temps précis de
cette glorieuse action. Quelques-uns
estiment qu'elle a precedé le siege de
Marignan , d'autres qu'elle ne s'est
faite qu'ensuite ; & d'autres , qu'elle
s'est faite dans l'intervalle de la Bataille , qui dura deux jours entiers ; il
y en a d'autres encores qui disent que
ce fut au Siege de Milan. Le temps
& le moment ne font rien à cette nar-
ration. Mais le Roy François premier
en fût le sujet Illustre. Ce grand
Prince en l'an 1515. (quoyqu'il soit
du lieu, c'estoit toûjours à l'occasion
du Siege de Milan) voulant recom-
penser la vertu de ceux qui s'estoient
jusques-là vaillamment comportez,
tant à la bataille, qu'au siege de cette

Ville, par le titre de Chevalier, voulut premierement estre fait Chevalier, & en recevoir les marques heroïques de la main du Chevalier
Bayard, pour aprés les communiquer
aux autres.

Henry Dauphin de France, fils
du mesme Roy François I. receut au
Camp d'Avignon, l'honneur de la
Chevalerie par la main de Messire
Oudart du Biez, Mareschal de Fran-
ce, Chevalier de grande reputation.

Au commencement du douziéme
siecle, Saladin, Prince Sarazin, Soul-
dan d'Egypte, desira de recevoir l'Accolade & l'honneur de la Chevalerie
de Hugues de S. Omer, Seigneur
de Tabarie (ou de Tiberiade) Chevalier Chrestien du Royaume de Je-
rusalem, & François de Nation: J'a-
vance cecy sous l'authorité de Monsieur le President Fauchet (quoyque
ce fait ne réponde pas fort justement
a la Chronologie ;) cela toutefois a
quelque convenance à mon sujet.

Ce mesme honneur de Chevale-

rie fut autrefois donné par le Cardinal Pietre Capuce, & par le Roy de
Bohemc, au Comte Guillaume de
Hollande second, éleu Roy des Romains, avant que d'avoir receu la
Couronne de Fer à Aix la Chapelle,
avec les ceremonies accoûtumée en
ce temps; dont le formulaire eſt rapporté par Jean Becquet en ſa Chronique des Evêques d'Utrech, ſous le
Pontificat du Pape Innocent IV.

Cet évenement eſt trop ſingulier
& trop remarquable pour n'en pas
joindre icy le ſommaire : Guillaume
Comte de Hollande, nouvellement
éleu Roy des Romains, fut preſenté
par le Roy de Bohême au Cardinal
Capuce, qui eſtoit reveſtu de ſes Ha-
bits Pontificaux, & luy fit ſa profeſſion de foy, pour eſtre aggregé au
nombre des Chevaliers. Enſuite, le
Cardinal luy expoſa les grandes qualitez que devoit poſſeder un Chevalier; Qu'il falloit premierement qu'il
excellaſt en ſes mœurs ; enſuite que
ſa naiſſance fuſt ſans reproche ; qu'il

fut magnanime, liberal, honneſte; & ſur toutes choſes homme de bien. Secondement qu'il devoit ſe ſoûmettre aux Loix & aux Statuts de la Chevalerie, dont il luy decl…a les pricipaux articles, qui eſtoient: d'entendre tous les jours la Sainte Meſſe en memoire de la Paſſion de noſtre Seigneur & Redempteur Jesus-Christ; d'expoſer genereuſement ſa vie pour la Foy Catholique, de proteger l'Egliſe de Dieu & ſes Miniſtres, contre ceux qui ſe declarent ſes ennemis; de prendre l'intereſt de la veuve & de l'orfelin; de ſe commettre librement au Duel pour la manutention du droit de l'innocent; d'obeïr à l'Empereur ſon Souverain; d'eſtre irreprehenſible devant Dieu & devant les hommes. Et aprés cela le Cardinal enferma les mains du Prince jointes dans le Meſſel, où l'Evangile avoit eſté leu, & luy demanda, s'il vouloit recevoir l'Ordre de Chevalerie: Le Prince ayant dit, ouy, le Cardinal luy pre-

fenta certain formulaire, que le Prince l'eût en ces termes : Je Guillaume
Prince de la Milice de Hollande,
estant en toute liberté, proteste sur
les Saints Evangiles, en presence de
Monseigneur Pierre, Cardinal du
Titre de Saint Gregoire au voile d'or,
que j'observeray ce qui est contenu
dans la Regle de Chevalerie. Et le
Cardinal luy dit: Je prie Dieu que
cette Profession, dont vous faites le
vœu, soit pour la remission de tous
vos Pechez. Et au mesme temps, le
Roy de Boheme donna un grand
coup sur le col du Prince, luy disant : En l'honneur de Dieu Tout-
puissant, je te fais Chevalier, & je
t'associe dans le College de nostre
Milice ; Souviens-toy, que Jesus-
Christ a esté souffleté en la presence du grand Prêtre, qu'il a souf-
fert de grands opprobres devant Pi-
late & devant Herode ; je t'advertis
de prendre la Croix, & de vanger
sa mort.

Par tant d'illustres exemples, l'on

voit clairement , que le Parlement
de Paris n'eut point d'autre motif,que
l'ignobilité d'un certain Philippes
de Bourbon , ainsi nommé pour estre
natif de la ville qui porte ce nom; lorfqu'il condamna par ses Arrests des
années 1280. & 1281. en l'amende
envers le Roy , Guy Comte de Flandres , & Robert Comte de Nevers
son fils , pour avoir fait Chevaliers
les enfans de ce Philippe de Bourbon , qui n'estoit point Gentil-homme ; qu'il cassa la promotion des
deux Chevaliers , & les condamna
un chacun en mil livres d'amende.
Le mesme Parlement declara de
plus que les susdits Comtes ne pouvoient faire de Chevaliers non Gentils-
hommes,sans l'authorité du Roy;enco-
re que cela fût permis en la Seneschauf-
fée de Beaucaire, & en Provence aux
Barons & aux Archevesques: Voicy la
teneur de cet Arrest; *Dictum fuit quod*
non obstante usu contrario ex parte Co-
mitis Flandrensis proposita , non poterat
nec debebat facere militem , sine authori-

Reg.
olim.

tate Regis ; etiam si esset lex , quod in Seneschallia Belcari , & in Provincia Burgenses consueverint à Nobilibus & Baronibus & Archiepiscopis sine Principis authoritate & licentia impuné cingulum militiæ assumere, & signa militaria habere, portare, & gaudere privilegio militari. Die martis post Octabas Pentecostes ann. 1280. Les deux freres neanmoins, par grace speciale du Roy, demeurerent honorez du titre de Chevaliers.

Ces Arrests sont fort considerables pour empescher les entreprises sur l'authorité du Roy, à l'égard de l'état des personnes, & de la condition de ses sujets ; Et par la teneur d'iceux, on reconnoist une grande disproportion entre l'Ouvrage d'un Monarque, & celuy d'un Prince non Souverain, ou d'un General d'Armée en fait de Chevalerie : car lorsqu'un Soldat reçoit de la main du Roy l'honneur de la Chevalerie, à mesme temps il reçoit le caractere de Noblesse. Et il n'en est pas de mesme

d'un Prince fans Souveraineté, & d'un
General d'Armée ; fi l'un ou l'autre
fait un Chevalier, il faut qu'il foit
déja Noble, ou qu'il ait recours au
Benefice d'un Prince Souverain, pour
recevoir de luy le Titre de Noblefle,
qui eft la bafe & le fondement de la
Chevalerie ; autrement tel Chevalier feroit Chevalier fans Noblefle,
qui ne feroit pour luy qu'une legere
marque d'honneur, dont la pofterité
ne pourroit tirer que fort peu d'avantage.

Il ne fe rencontre gueres d'exemples de cecy dans l'antiquité ; & peu
de perfonnes auffi fe commettoient à
recevoir la Ceinture Militaire fans
eftre Noble. Il n'y paroift point non
plus d'ufurpateurs de Chevalerie. Il
eft vray que telles remarques auroient
efté indignes de l'Hiftoire : mais il ne
laifloit pas d'y avoir de lourdes amendes envers le Roy, tant contre ceux
qui donnoient la Chevalerie , que
contre ceux qui la recevoient, n'étant
point Gentils-hommes. Les coûtu-

mes & établiſſemens particuliers de
Paris & d'Orleans, y ajoûtoient une
eſpece d'infamie, qui eſtoit telle, que
ſi quelqu'un eſtoit convaincu de pareille entrepriſe, il eſtoit declaré indigne de Nobleſſe, & on luy faiſoit
briſer ſes eſperons ſur un fumier.

De tout ce que j'ay dit cy-deſſus,
mettant à part la qualité de Noble, &
la ſeparant de celle de Chevalier : il
eſt manifeſte que ce ne fut point une
entrepriſe ſur l'authorité du Roy ;
qu'en l'an 1416. l'Empereur Sigiſ-
mond eſtant en France, fit un Chevalier en plain Parlement. Et le blâ-
me que le Parlement en encourut
pour l'avoir ſouffert eſtoit frivole, &
ſans fondement ; parce que autre
choſe eſt de faire un Chevalier, &
autre choſe, d'Anoblir un homme
qui n'eſt pas ſon ſujet. Celuy-cy ne
ſe doit pas, eſtant contre la Juſtice
naturelle, d'uſurper le droit d'autruy;
& celuy-là eſt non ſeulement permis,
mais il ſe peut legitimement, n'eſtant
point un droit de Souveraineté, de

faire un Chevalier.

Nos Princes & nos Roys ont de tout temps aſſocié à leurs Ordres Militaires, des perſonnes qui eſtoient hors de leur dépendance, quand nos meſmes Roys ont receu à divers temps la Chevalerie, ils l'ont priſe des mains de Perſonnes, qui n'a-voient aucun empire ny aucune ju-riſdiction ſur eux, l'ayant ſouvente-fois acceptée des mains de leurs ſu-jets : Les exemples que j'en ay rap-portez en font aſſez de foy ; & c'eſt une maxime receuë, qu'il ſuffit d'ê-tre Chevalier, pour en faire un autre, en quelque Terre, en quelque Em-pire, & en quelque Juriſdiction que ce ſoit.

CHAPITRE VIII.

Des differens Ordres de Chevalerie.

DEpuis le temps que noſtre Monarchie eſt établie ; il eſt conſtant qu'elle a toûjours eſté feconde
en gens de cœur & d'experience au
fait de la guerre. Les Eſcrivains
eſtrangers luy font juſtice , en luy
donnant cette loüange ; car il n'y a
rien de plus univerſellement reconnu, que les Princes & les Preux qui
eſtoient à la Cour de Charlemagne ;
que les braves François , qui furent
à la conqueſte de la Terre Sainte ;
que les bons Chevaliers qui em-
ployoient leur vaillance à deffendre
les perſonnes opprimées, à combattre
pour l'innocence , pour l'honneur ,
& pour l'amour des Dames , & à ſoûtenir l'intereſt des veuves & des or-

felins ; tous ces braves ont fervy
d'exemple & de prototype aux vail-
lans Chevaliers, qui depuis ont fuivy
la Cour des Roys.

Monfieur Pafquier, autrefois Avocat General en la Chambre des
Comptes de Paris, dans les Trefors
de laquelle, il a puifé fes plus curieu-
fes recherches, tient que la Chevalerie Françoife, n'eft pas inftituée fous
la premiere lignée de nos Roys, &
cela eft indubitable ; car, outre qu'il
ne s'en rencontre aucune marque, il
eft affuré que ces Princes recompen-
foient leurs Capitaines & leurs Soldats, & les autres perfonnes de Confeil & de faveur, par la diftribution
qu'ils leurs faifoient de leurs con-
queftes. Et je ne puis manquer, fur
la reputation de cet habille efcrivain,
d'eftre de fon advis ; & felon ce que
j'en ay remarqué au precedent chapitre, de dire que l'ordre de Chevalerie n'a commencé que fous la feconde lignée ; où les Roys, qui
voyoient leurs principaux Domaines

hors de leurs mains , & les revenus
de la Couronne épuifez par les pro-
digalitez de leurs Predeceffeurs , ne
pouvoient plus eftre liberaux , que
d'honneurs & de careffes envers ceux
qu'ils vouloient mettre au deffus du
commun de la Nobleffe ; & pour cela , en témoignage d'eftime , ils
leur donnoient l'Accolade, lorfqu'ils
les voyoient marcher en guerre , ou
bien à leur retour , aprés quelque glorieufe action.

Nos Roys de la troifiéme race ont
apporté la diftinction à cet Ordre de
Chevalerie, telle qu'elle eft icy dé-
crite:

Cette diftinction ne concerne en
aucune façon les Ordres Militaires
que les Roys & les Princes établif-
fent, pour parvenir facilement à quelque fin importante ; ou pour marque
perpetuelle de leur grandeur ; elle
regarde feulement l'eftat de l'ancienne Chevalerie.

Il y a donc dans l'Ordre de Chevalerie quatre Claffes : La premiere

(pour

(pour parler selon le stile ancien)
est celle des Barons ; la seconde celle des Bannerets , la troisieme celle
des Bacheliers ; & la quatriéme celle
des Legistes.

Les Barons en tous les Empires ne
sont pas tenus en pareil degré de Dignité : Mesme en France, sous la seconde lignée des Roys ; il y en avoit
de deux sortes. Les uns estoient les
grands Barons : *Majores Barones seu
Dominici*. C'estoient les principaux
Vassaux de la Couronne , que l'on
appelloit Pairs de France. Les autres
estoient les petits Barons : *Barones
capitales minores*. Ceux-cy estoient
semblablement Vassaux de la Couronne , & avoient le Titre de Marquis, de Comte, ou de Vicomte : &
les uns & les autres estoient compris
sous une mesme cathegorie de Barons ; & composoient ensemble, avec
subordination entre-eux , le premier
degré, dans l'Ordre de la Chevalerie.
Les Roys les assembloient, lorsqu'ils
avoient à deliberer sur quelque af-

E

faire d'Eſtat bien importante.

On ne doute point que les Barons de ces premiers temps ne fuſſent d'une plus haute élevation dans
l'eſtat de la Nobleſſe, qu'ils ne le ſont
aujourd'huy : car la plûpart preſente-
ment ſe parent de ce Titre, à cauſe
que d'ancienneté leurs Ancêtres é-
toient d'ancienne Chevalerie, ou à
cauſe que leurs Terres portent quelque marque de Baronnie. Et au ſur-
plus, ils n'ont autres prerogatives par-
deſſus les ſimples Gentils-hommes,
que celle de quelque opulence ; &
par un malheur du Siecle, ce nom,
autrefois ſi illuſtre, eſt profané par
les farceurs & par les boufons ſur
les Theatres.

Le Chevalier Banneret eſtoit celuy
qui avoit aſſez de revenu, & aſſez
grand nombre de Vaſſaux, pour com-
poſer une compagnie complete de
gens d'Armes. Gregoire de Tholoſe,
excellent Juriſconſulte, ajoûte à cela
qu'il faloit au moins eſtre Noble de
quatre generations bien juſtifiées,

pour eſtre Banneret ſans reproche, & ſous ces conditions un Chevalier eſtoit en droit de lever une Banniere pour le ſervice du Roy.

La qualité de Banneret, toute Françoiſe qu'elle eſt d'origine, a paſſé en Angleterre avec quelques ceremonies anciennement obſervées par les François : qui eſt, qu'avant qu'un Gentilhomme Anglois receut l'Accolade, on faiſoit une eſpreuve de ſa vertu, par quelques veilles, & par les bains; pour témoigner par ces experiences, qu'un Chevalier doit s'appliquer au travail, & eſtre exempt de tout vice.

Cette coûtume fût abrogée en France, & on ceſſa de mettre les Gentils-hommes à cette épreuve. L'on conſidera ſeulement en eux la naiſſance, leurs facultez, leur courage, & l'humeur guerriere.

La Banniere eſtoit une eſpece d'Eſtendard coupé en forme carrée, qui auparavant eſtoit volant, & finiſſant en deux langues pointuës avec les plis & replis qui repreſentoient en l'air une figure de Dragon ; ces pointes s'appelloient Pennon.

C'estoit ordinairement le Prince ou celuy qui commendoit les Armées, qui couppoit le Pennon ; c'est à dire, la double queuë de l'Estendart, & la reduisoit au Carré ; & par aprés le Chevalier la portoit estenduë, & se disoit Banneret.

Froissart & Olivier de la Marche rapportent quelques formules de cecy, qui sont fort considerables. Le premier au sujet d'un Gentil-homme Anglois nommé Thomas Trivet, lequel apporta sa Banniere toute enveloppée devant le Comte de Boucquingant, & luy dit : *Monseigneur, s'il vous plaist, je developperay aujourd'huy ma Banniere ; car, Dieu mercy, j'ay assez de revenu pour maintenir estat comme à Banniere appartient. Il nous plaist bien,* dit le Comte. *A donc il prit la Banniere par la hante, & la luy rendit en sa main,* luy disant : *Messire Thomas, Dieu vous en laisse vostre Preu faire cy & autre part. Ledit Messire*

Vol. 1. ch. 54.

Thomas prit la Banniere & la developa,
puis la bailla à un sien Escuyer, & vint
à l'Avant-garde, &c.

Le second raconte en ses Memoires,
que Philippes le Bon, Duc de Bourgogne, faisant des Chevalier de sa
main (ce n'estoit pas des Chevaliers
de l'Ordre de la Toison d'Or ;
ceux de cette promotion ne se rencontrant pas compris dans le Catalogue de cet Ordre) fut presenté par
le Roy d'Armes, Messire Louïs de la
Vieville, qui tenoit une Lance & le
Pennon de ses Armes ; & le Roy d'Armes dit au Duc : *Mon tres-redouté &*
Souverain Seigneur : Voicy vostre hum-
ble sujet, Messire Louïs de la Vieville,
issu d'ancienne Banniere à vous sujette,
& est la Seigneurie de leur Banniere
entre les mains de son Aisné : & ne peut
ou doit sans méprendre porter Banniere,
quant à la cause de la Vieville, dont il
est issu ; mais il a par partage la Sei-
gneurie de Sains, anciennement Terre
de Banniere, parquoy il vous supplie con-
siderer la Noblesse de sa Nativité, &

Liv. 1.
ch. 25.

E iij

les services faits par ses Predecesseurs ;
qu'il vous plaise le faire Banneret, &
relever en Banniere ; & il vous presente
son Pennon armoyé, suffisamment actom-
pagné de vingt-cinq hommes d'Armes
pour le moins, comme est & doit estre
l'ancienne coustume. Le Duc luy dit :
qu'il fut le bien venu, & que volontiers le feroit. Si bailla le Roy d'Armes un couteau au Duc, & prit le Pennon en ses mains, & coupa ledit Pennon, & demeura quarré, & la Banniere faite. Ce sont les termes de l'autheur.

Et peu aprés ; Prestement se presenta
Messire Jacques d'Harchies en Hainault, & porta son Pennon suffisamment accompagné de Gens-d'armes siens,
& d'autres qui l'accompagnoient. Celuy
Messire Iacques requit à son Souverain
Seigneur, comme Comte de Hainault,
qu'il le fist Banneret en la Seigneurie
d'Harchie (& à la verité il luy devoit
estre accordé ; car il estoit un tres-vail-
lant Chevalier de sa Personne ; & avoit
luy & les siens, honorablement servy en

toutes Guerres) *si luy fut accordé, & fut fait Banneret, celuy jour* (& en la mesme forme) *le Seigneur d'Har-chie.*

Avant le Regne de Philippes Auguste, ce nom de Banneret n'estoit guere en usage, encore que l'on portast les Bannieres en guerre ; cela se reconnoist en la vie de Louïs le Jeune ; en ce que le Baron de Ran-come, un des plus Nobles Chevaliers de la Province de Poitou, portoit la Banniere du Roy , immediatement aprés l'Oriflamme.

Depuis ce temps jusques au Regne de Charles VI. La Chevalerie estoit estimée le plus grand honneur, où un Gentil-homme pût aspirer. Ce Prince dont les Historiens ont assez remar-qué les deffauts, la multiplia en un point, qu'il la rendit méprisable ; il créa au Siege de Bourges plus de cinq cent Chevaliers en l'an 1412. Charles VII. son fils, dont l'estat des affaires sembloit requerir qu'il se fist des Creatures, sur les traces de son Pere

en augmenta encore le nombre : Et
Nicoles Gilles rapporte, qu'à ſon Sacre à Reims en 1430. il fit Chevaliers
le Duc d'Alençon, les Seigneurs de
Loheac & de Laval, & grand nombre d'autres ; Les Chefs de ſes Armées en firent auſſi une quantité ex-
ceſſive, & tout cela enſemble alloit
preſque à l'infini. Ce deſordre donna accaſion à Louïs XI. en 1469.
d'inſtituer l'Ordre de S. Michel, &
de cette grande multitude de Chevaliers, faire un choix des plus re-
commandables, & des plus qualifiez
& de les aſſocier à ſon nouvel Ordre.

Le Chevalier Bachelier, ou préten-
dant à Banniere, eſtoit un Chevalier
qui marchoit ſous la Banniere d'autruy. Cela ſe voit par la teneur des
Rôlles de l'ancienne Gendarmerie,
qui ſont conſervez dans la Chambre
des Comptes. De la communication
deſquels je ſuis tres-redevable a Monſieur Vion d'Herouval: Voicy l'extrait
de quelques-uns de ces Roolles.

ROOLLE, &c.

L'an 1340. de la compagnie de Meſſire Jean d'Arablay, Chevalier ; & quatre Chevaliers, Bacheliers, & de ſoixante & dix-ſept Eſcuyers.

1382. Meſſire Moreau Potin, Chevalier, & deux Chevaliers Bacheliers, & huit Eſcuyers.

1387. Bernard du Lac, Chevalier, deux Chevaliers Bacheliers, & douze Eſcuyers.

1421. Le Baſtard d'Orleans, ſon Eſtendart & Trompette, avec quatre ChevaliersBacheliers, vingt Eſcuyers, & dix-huit Archers.

Il y a pluſieurs autres ſemblables Roolles, qu'il ſeroit ſuperflus de rapporter.

Les Enfans des Bannerets, eſtoient d'ordinaire de cette Claſſe de Chevalerie, & l'à ils s'inſtruiſoient au fait de la guerre, & avoient ſous leurs enſeignes, quelques Eſcuyers & Archers.

L'ethimologie, & les origines differentes que l'on donne à ce mot de Bachelier, sont fort incertaines. Quelques-uns veulent que Bachelier tienne son analogie de *Baculus* ou *Bacollus* ; comme si les Chevaliers eussent porté quelque baston pour marque de commandement & d'authorité.

Monsieur Fauchet, que j'ay cy-devant allegué, veut que ce mot de Bachelier soit ce qu'on pourroit dire, bas Chevalier. Mais il y a une autre origine, & qui me semble plus convenable, que ce soit un terme Metaphorique, tiré de la ressemblance d'un Bachelier de Lettres, qui tend à estre Maître ou Docteur : & que celuy-cy soit en cette Classe, comme en un apprentissage, pour parvenir à la Dignité de Banneret.

Il reste pour finir ce Chapitre de parler du Chevalier de Loix. Cette Dignité a esté dans les siecles passez en France une marque d'honneur, de laquelle nos Monarques honoroient les Gens de Lettres & de Do-

&trine eminente ; ils imitoient en cela les Romains qui n'obmettoient rien
pour rendre les Jurifconfultes recom-
mandables, leur donnant entrée au
Senat, & leurs faifant élever des fta-
tuts comme à des gens du plus haut
merite , & auxquels la Republique
eftoit la plus redevable. Les Empereurs de Conftantinople ont fait quelque chofe de plus ; car ils leur donnoient les premieres fceances, & les
premiers fouffrages dans le Senat ; &
c'eft pour cette confideration qu'ils
eftoient appellez : *Antecefores.*

Nos Hiftoires en une infinité de
lieux font mention de cette forte de
Chevalerie de Legiftes. Dans les
Croifades il y avoit des Chevaliers
de Loix pour le Confeil, & des Chevaliers d'Armes pour l'execution Nos
Roys ont laiflé jufques au temps prefent cet excellent Titre d'honneur aux
gens de Robe de la plus haute qualité ; comme au Chancelier, & Garde
des Sceaux , & au Premier Prefident
du Parlement de Paris : fur le mo-

delle defquels les Confeillers d'E-
ftat ordinaires ; les Prefidens au
Mortier à Paris; & les Prefidens des
Parlemens , qui par la fuite des temps
ont efté eftablis dans les Provinces,
ont obtenu des mefmes Roys ce même titre d'honneur ; qui anciennement n'eftoit donné qu'au Chancelier & au premier Prefident du Parlement de Paris , comme il fe voit encore au Tableau des Officiers du même Parlement.

CHAPITRE IX.

De la qualité d'Efcuyer ; de celle de Vallet, & de Damoifeau.

QVoyque la nature des chofes fe
connoiffe le plus fouvent par
leur definition , ou par une defcri-
ption exacte : ces deux moyens ne

nous pouvant eſtre favorables, il faut
avoir recours aux Actes publics & aux
Titres Domeſtiques, pour nous expliquer ſur la propre ſignification des
mots d'Eſcuyer, de Vallet & de Damoi-
ſeau. Ces mots dans les perſonnes Nobles, expriment une certaine qualité
advantageuſe, dont je marqueray icy
l'uſage, & en donneray les preuves,
& ſuivant la maniere des temps, en
feray la juſte application.

Le mot d'Eſcuyer, qui aſſurément
eſt le plus ancien, & qui eſt auſſi le
plus en uſage, n'eſt pas un terme tellement affecté à la Nobleſſe, que
dans le diſcours ordinaire il ne ſouffre de l'equivoque; auſſi l'applique-
t-on à des gens de differentes conditions; & pour cela il faut le diſtinguer d'un Eſcuyer qui eſt un Officier conſiderable dans la Maiſon &
dans l'Eſcurie d'un Prince, ou d'un
Grand Seigneur. Un tel office ne
preſuppoſe pas neceſſairement de la
Nobleſſe; ſi celuy qui en eſt reveſtu
n'eſt pas d'ailleurs nay Gentil-hom-

me. Il en faut aussi faire differencè d'un Escuyer Tranchant, qui est un Serviteur Domestique, lequel a le soin de la Bouche, & qui met la main aux œuvres de Cuisine dans une Grande Maison ; il y a encore d'autres sujets, auxquels ce mot se peut appliquer, comme à la Venerie, & à l'Agriculture ; mais cela seroit superflus en ce discours.

De sorte que, à considerer ce mot d'Escuyer, comme expressif d'une qualité communément attribuée à la Noblesse : il marque precisément ce que nous appellons aujourd'huy un simple Gentil-homme, qui marchoit anciennement en Guerre, soit à pied, soit à Cheval, l'Escu sur le bras sous la Banniere d'un Chevalier. Et voyla la vraye origine de ce Nom d'Escuyer, qui pour lors aussi en certaines occasions s'appelloit Vallet.

En ces temps de simplicité, ce terme de Vallet n'estoit pas en usage, pour designer un homme d'une condition vile & méprisable, telle que

elle eſt aujourd'huy ; mais c'eſtoit un
terme ſignificatif d'une qualité d'honneur & de conſideration : ainſi qu'il
ſe reconnoît par les Catalogues des
Nobles des Villes & des Chaſtelle-
nies Royalles des dépendances & des
environs de Paris & d'Orleans , leſquels tenoient des Fiefs immediatement du Roy , & d'autres Seigneurs ;
& deſquels même les facultez en fond
de terre, ſont exprimées; ces catalogues
ſont compris dans le Cartulaire de Philippes Auguſte, qui m'a eſté favorablement cõmuniqué par Monſieur Vion
d'Herouval , à qui les Eſcrivains de
ce Siecle , doivent la plûpart de leurs
meilleurs memoires : où cette qualité de Vallet eſt donnée, ou à de jeu-
nes Gentils-hommes du Païs Orleannois , qui n'eſtoient pas encore
Chevaliers , ou à des Gentils-hommes qui n'avoient que des Fiefs Ser-
vans , ou qui ne relevoient pas immediatement du Roy : Voicy les extraits de ces Catalogues.

Isti sunt milites tenentes à Domino Rege
in Ballia Aurelianensi.
Hugo de Vico Novo.
Choquardus de Saumery, & autres,
au nombre de 12.
Isti sunt milites de eadem Castellania qui
non tenent à Domino Rege.
Hugo Buticularius Juvenis.
Hugo Buticularius de Gidiaco.
Radulfus Baderan.

Isti sunt Milites de Castellariâ de Stam-
pis tenentes de Rege.
Luce de Richarville.
Guillelmus de Prunelé, & autres, au
nombre de 12.
Isti sunt Milites tenentes de aliis in ea-
dem Castellaria.
Gillo de Oistrevilla.
Manasserus de Garlanda.
Joannes de Aurelianis, & autres, au
nombre de 13.

Ballivæ Aurelianensis Milites.
Ulricus de Molene.

Thomas

Thomas de Puifellis, & plufieurs autres, jufqu'au nombre de 42.

Valleti ejufdem Balliæ.

Hugo de Chilleurre.

Goffridus Bos.

Goffridus de Capella, & autres, au
nombre de 25.

Balliæ Montifargi Milites.

Fulco de Sanciaco.

Henricus de Pennis, & autres, au
nombre de 14.

Valleti ejufdem Balliæ.

Gillo de Toify.

Gillo de Capella.

Landricus de Chalette.

Ballivia Giemi Milites.

Stephanus de Fanis.

Heffridus de Donjon, & autres, au
nombre de 30.

Valleti ejufdem Balliæ.

Matheus de Forefta.

Simon Catus (c'eft le Chat) Eftoc d'u-
ne famille de Nobleffe en la mefme
Chaftellenie.

F

Petrus de Pilo.

Balliviæ Lorriacum Milites.
Falco Bosche.
Guillelmus de Chevillon, & autres,
    au nombre de 55.
    Valleti ejusdem Balliæ.
Ansellus de Sury.
Guido de Godein, & autres, au nom-
    bre de 14.

    Balliæ Castelli Nantonis Milites.
Theobaldus de Gaudigny.
Balduinus d'Auxi.
Gauffridus de Longa Aqua.
Dominus Nemosii(il s'appelloit Guy)
    & autres au nombre de 86.
    Valleti ejusdem Balliæ.
Tesselin de Beaulieu.
Renardus de Orfarvilla.
Robertus & Daimbertus de Longa
    aqua, & autres, au nombre de 16.

Ballivæ Aurelianensis apud Chaciæum
        Milites.
Renaldus de Comblosio.

Petrus de Longa aqua, & autres, au
nombre de 21.

Valleti ejufdem Balliæ.
Paganus Bordons.
Robinus de Comblofio, & autres, au
nombre de 7.

Balliæ Everæ Milites.
Gilo Theodom.
Adam de Monteliart, & autres, au
nombre de 30.

Valleti ejufdem Balliæ.
Guyotus de Donvilla.
Aubertus de Segnorvilla.
Ferricus de Courcelettes.
Petrus de Monteleardi.

Balliæ Greſſuum & Capellæ Milites.
Gauffredus de Argevilla.
Hugo de Amponvilla, & autres, au
nombre de 15.

Valleti ejufdem Balliæ.
Joannes de Prinval.
Girardus Vicecomes, & autres, au
nombre de 7.

Balliæ Buxeriarum Milites.

Galeran de Crannis.

Fluinus de Buxiius.

Adam de Efchillofiis.

    Valleti ejufdem Balliæ.

Robertus de Efchillofiis , & autres, au nombre de 4.

    Balliviæ Hiemvillæ Milites.

Reimb. d'Aleine.

Anjorannus de fancto Germano.

Arnulfus de Landrevilla, & autres, au nombre de 24.

    Valleti ejufdem Balliæ.

Radulfus de Baudrevilla.

Herveus d'Auneux.

Gaufridus de Meleroy, & autres, au nombre de 11.

Je donneray ces Catalogues plus au long dans l'Hiftoire du Païs Orleannois, dans lefquels plufieurs Gentils-hommes de cette Province trouveront les origines de leurs Maifons.

Si ces Antiquitez laiffent quelque

obscurité sur ce mot de Vallet, quelques Titres particuliers de Maisons Nobles du quatorziéme & du quinziéme Siecle, en donnent l'éclaircissement entier ; & font voir, qu'un Gentil-homme prenoit ordinairement en son Domestique, traittant de ses affaires particulieres, & conversant avec ses amis, cette qualité de Vallet ; comme pareillement il prenoit celle d'Escuyer, quand il s'agissoit du fait de la Guerre.

Le nom de Damoiseau estoit anciennement un nom d'esperance, & qui marquoit quelque sorte de grandeur & de Seigneurie ; aujourd'huy il ressent plûtôt le nom d'un Muguet, que celuy d'un Guerrier.

Sous la seconde race de nos Roys, mesme dans l'onziéme & douziéme siecle sous la troisiéme race, le nom de Damoiseau, estoit affecté aux enfans des Roys & des grands Princes. Les François, & tous les Peuples d'Angleterre & d'Escosse, qualifioient ainsi les heritiers presomptifs

F iij

des Couronnes ; les Princes Allemans à leur imitation, en usoient de
mesme. Un Ancien Chroniqueur
appelle Saint Louïs, Roy de France,
Damoiseau de Flandre, c'est à dire,
Seigneur Souverain de Flandre. Il
semble par là que le nom de Damoiseau tienne quelque chose de la Souveraineté : puis mesme qu'il est de-
meuré par excellence au Seigneur de
Commercy, à cause du Franc Aleuf,
qui imite en quelque maniere la Souveraineté.

Ensuite les enfans des Grands
Seigneurs & des Barons, affectoient
cette qualité de Damoiseau ; laquelle
a autant de rapport à celle de Chevalier Bachelier , que peut en avoir
le mot de Vallet, à celuy d'Escuyer.

Les Anciens Roolles de Gendarmerie confondent assez souvent le
Damoiseau (je ne dis pas avec le Bachelier) mais avec le Banneret. Les
chartes & les anciens titres des Maisons de Noblesse, remedient à cet in-
convenient. Car par le mot de Damoi-

feau, il marquent un jeune Gentil-
homme de qualité relevée, qui n'a
pas encore receu la Ceinture Militaire. Les Histoires des Maisons Illustres sont remplies d'actes authen-
tiques, qui justifient assez ce que j'a-
vance icy : Et quelque chose que
l'on en puisse juger ; les noms de Damoiseau & de Valet sont familiers &
domestiques ; & ceux de Bachelier
& d'Escuyer sont heroïques & guer-
riers.

Je ne puis finir ce Chapitre, sans
faire un peu de reflexion sur le temps,
auquel nous vivons. Il y a si peu d'ordre parmy les Nobles , qu'aucun
presque n'est contant, ny de son estat,
ny de sa fortune. Les simples Gentils-
hommes , & les moindres en opulence, veulent estre grands ; ceux qui
ont le moins de merite, & qui abon-
dent le plus en vanité , se trouvent
par des titres chimeriques & ambitieux, ou indûment usurpez , estre
pour l'ordinaire les plus Nobles &
les plus qualifiez. L'ambition les a-

veugle à un point, qu'ils ne peuvent
pas mesme souffrir, que l'on découvre l'origine de leur Noblesse, quelque ancienne qu'elle pust estre. Si
l'estoc d'où ils la tirent estoit un Notable Citoyen de Ville, dont la vertu eust éclatté parmy le monde : la
memoire d'un tel homme leur paroist
ignominieuse ; ils ne peuvent en entendre parler sans confusion ; enfin
c'est un supplice pour eux que leur
origine soit connuë. S'il estoit en leur
choix, ils prefereroient plûtôt d'être
sortis d'un Païsan, & n'estre point
connus, ou bien d'estre nez dans un
estat incertain, que d'avoüer le plus
considerable Bourgeois entre leurs
Ancestres. Voila le caractere de la
pluspart des Gentils-hommes du
commun, qui ne se repaissent que de
vanité & d'ignorance.

Si nous pouvions retourner dans
les Siecles passez, nous y verrions
davantage de discipline & de subordination dans l'estat de la Noblesse.
Alors, un chacun y gardoit le rang de

fa naiſſance. Il n'eſtoit pas permis de s'élever à un plus haut degré, ſi ce n'é-toit, qu'en conſideration de quelque ſervice important, ou de quelque action de generoſité, le Prince miſt en un eſtat plus éclattant. En un mot c'eſtoit un crime de ſe dire Noble à celuy qui ne l'eſtoit pas. Un Noble n'entreprenoit jamais de prendre la qualité de Chevalier, s'il n'avoit re-ceu l'Accolade en quelque glorieuſe occaſion, & ne s'arrogeoit jamais celle de Baron, de Comte, & de Mar-quis, ſi pour les ſoûtenir, il n'avoit un titre legitime.

CHAPITRE X.
Origine de la Nobleſſe Françoiſe.

L'ORIGINE de la Nobleſſe Françoiſe ne ſe peut bien juſte-ment découvrir, que par les reflexions que l'on peut faire ſur les diverſes re-volutions de la France, à remonter

jufques au temps qu'elle eftoit appel-
lée Gaule. Pour lors cette grande
Province eftoit divisée en divers Peuples. Ceux qui avoient le plus de reputation eftoient les Helvetiens , les
Auvergnats, les Sequanois, les Aqui-
tains , les Chartrains, les Berruyers,
les Armoriques, & les Belges. Chacun de ces Peuples vivoit fous l'authorité d'une Puiffance particuliere,
ils obeïffoient à un Roy, & tous enfemble paffoient fous le nom de Gaulois. Ce n'eft pourtant pas dans des
temps fi éloignez, ny parmy des Peuples tant de fois abbatus, que je dois
trouver l'origine de noftre Nobleffe
Françoife : Je croy luy en donner une
plus convenable & plus illuftre, fi je
fait voir que fon inftitution fut la re-
compenfe du courage, & les fruits
ineftimables des victoires des François.

Mais pour executer methodique-
ment ce que je propofe icy , je remarque qu'en chaque Dynaftie, les Sujets eftoient diftinguez en trois Claf-

ſes; c'eſt à ſçavoir en celle des Drui-
des, en celle des Chevaliers, & en
celle du Peuple. La Chevalerie (c'eſt
à dire la Nobleſſe) formoit ſans doute l'ordre le plus puiſſant de l'Eſtat; &
l'on reconnoît par les anciennes Hiſtoires, qu'en ces premiers temps, la
Nobleſſe Gauloiſe eſtoit d'un eſprit
aſſez amy de nouveautez, d'un ſang
aſſez boüillant, & d'humeur aſſez
ambitieuſe, pour tâcher d'envahir la
puiſſance & l'Empire les uns ſur les
autres.

Ceux qui firent les premieres dé-
marches pour cela, furent les Helvetiens, qui ſe liguerent avec Orgeto-
rix leur Capitaine, pour s'emparer de
l'Auvergne & du Senonois.

Cette entrepriſe des Helvetiens ſur
les Terres voiſines, donna occaſion
à Ceſar de décendre dans la Gaule
pour luy preſter ſecours : & de fait
il repouſſa ces ambitieux dans leurs
Montagnes, & rendit la Province
paiſible.

Enſuite les Allemans ſous la conduite d'Arioviſtus leur Roy, vinrent fondre ſur le Païs des Sequanois, & des Authunois, depuis appellez Allobroges & Bourguignons, & taillerent en piece toute la Nobleſſe de ces deux contrées.

Les Authunois eurent recours à Ceſar, qui mît fin à cette Guerre, par l'expulſion qu'il fit des Allemans.

Mais Ceſar qui avoit d'autres intentions, voyant les Gaules ſujettes aux incurſions de leurs voiſins, jugea qu'il eſtoit auſſi expedient d'en faire la conqueſte pour l'Empire Romain, que de les voir la proye de ces Nations Barbares; en ſorte qu'il en attira quelque partie par douceur, & dompta les autres par la force de ſes Armes.

Ce ne fut pas ſans des oppoſitions tres-vigoureuſes de la Nobleſſe du Païs Chartrain & de Berry, qui vendit cherement à Ceſar ſa liberté & ſa vie. Ainſi que l'on voit (au rapport meſme de Ceſar) par ce qui ſe paſſa dans le milieu des Gaules au ſac de la ville de Genabum, & enſuitte dans le

Bel.
Gall.
l. 7.

Berry, où toute la Chevalerie Gauloi-
se perit avec le reste de la Milice.

Cesar s'estant ainsi rendu le maître des Gaules, l'on peut bien juger
par la derniere conjuration des Chartrains, qu'elle fut la face de ses Provinces. Car aprés avoir fait severement
fustiger, puis trancher la teste à Gut-
turnatus chef de l'entreprise, par une
cruauté inoüye & contraire à sa cle-
mence naturelle, il fit coupper les
poingts à tous ceux qui avoient porté
les Armes pour la conjuration.

Qui ne voit par là que la Gaule ne
fut plus qu'un affreux spectacle de de-
solation & d'ignominie, sujette aux
Tributs & à l'Esclavage? ou la Noblef-
se & les plus considerables habitans,
bien loing d'avoir conservé quelques
prerogatives, perdirent leurs fran-
chises anciennes, & tout d'un coup
tomberent dans une tres-dure servitude.

Toute affligée qu'estoit pour lors
cette Province de Gaule, sous la
domination Romaine, à quoy peut

on la comparer, sinon à une belle &
noble Captive, entre les mains de ses
Tirans, laquelle avoit encore un infinité de genereux Amans, qui à diverses fois ont donné des Batailles,
& fait de puissans efforts pour l'en
retirer ?

Les plus eschauffez entre ces Ri-
vaux furent les François & les Sa-
xons, qui se souvenoient, que leurs
Ancêtres n'avoient esté autrefois
qu'un mesme Peuple avec les Celtes;
& qui pour se réünir, & se remettre
en leur premiere alliance, ont inces-
samment en cette Province, fait la
guerre aux Romains, les considerans
comme injustes usurpateurs des Gaules.

En la suite des temps les Alains,
les Bourguignons, les Goths, les
Huns, les Vandales, & les autres
Nations du Noort y ont fait de tres-
frequentes irruptions, pour traverser
les progrez des François, dont la plûpart des chefs estoient en division.

Mais enfin, ceux-cy plus Belliqueux

voyant que cette divifion des Chefs
& des Capitaines de leurs bandes em-
pefchoient l'avancement de leurs
Victoires ; ils prirent entre eux un
fage Confeil, qui fut d'élire un Monarque, & luy donner le commandement abfolu. De forte que fuivant
cette refolution, ils mirent fur le
Trône le grand Pharamond , qui
regna fur les François au de-là du
Rhin.

Ce furent fes fucceffeurs à la
Royauté , Clodion & Merouée qui
eftendirent les Limites de la Monarchie Françoife jufques à la Loire. Le
dernier de ces Roys mît en deroute
l'Armée des Huns , Commandée par
Attila , avec le fecours de Aëcius
Chef de l'Armée Romaine, qu'il fit
par aprés retirer.

Childeric Fils de Merouée augmenta encore la Domination Françoife jufques au Païs d'Anjou : &
Clovis mît la derniere main à l'éta-
bliffement parfait de la Monarchie;
Et pour donner le dernier tour à cet

Ouvrage, il deffit Siagrius & Alaric,
avec le reste des Romains & des
Goths, dont il purgea entierement
les Gaules.

Ce fut du temps de ces premiers
Roys, & par les progrés heureux
qu'ils firent en cette Province, que
les François & les Gaulois se reüni-
rent si estroitement, que ce ne fut
plus qu'un mesme Peuple & qu'ils
vêcurent paisiblement ensemble
exempts de la tirannie des Romains
sous l'obeïssance & l'authorité de ces
Monarques, qui leurs donnerent des
Loix, qui prescrivoient le devoir à
un chacun.

En cela les François joüirent du
bon-heur de leurs Victoires, & en
ce meslange, parmy le traittement
humain qu'ils firent aux Gaulois,
ils reserverent d grandes prerogatives. Car par la Loy, le Royaume fût
declaré hereditaire aux François,
les François demeurerent maîtres des
Places & de la milice, ils possede-
rent les grandes Charges, ils for-

merent

merent cét augufte corps de Nobleffe, qui s'eft perpetué, jufqu'à ce que
par fucceffion de temps, & par le long
ufage, les Gaulois fe foient par leurs
bons fervices & fidelité envers les
Roys, rendus dignes de participer aux
honneurs & aux dignitez de l'Eftat.

La difference qui eft aujourd'huy
entre la Nobleffe & la Bourgeoifie, eft
la mefme que celle qui eftoit au com-
mécement de la Monarchie entre les
François & les Gaulois. Les François
eftoient les Nobles, par ce qu'ils
eftoient entrez le Laurier à la main,
& furent appellez Gentils-hommes,
par la feule raifon, qu'ils eftoient for-
tis de Gens eftrangers. Et au contraire,
les Gaulois qui eftoient originaires
des Villes, des Bourgades, & du
plat-Païs, retinrent le nom de leurs
habitations, c'eft à fçavoir de Vil-
lains, de Bourgeois & de Païfans :
villani, Burgarij, Pagani.

Il feroit bien difficile au temps
prefent de trouver de la Nobleffe,
qui peuft pouffer fa genealogie juf-

G

ques à cette profonde antiquité: veu
qu'il y a tant eu de calamitez où
la Noblesse a pery. Car combien les
guerres des Sarrazins en ont-elle
consumé? Les guerres entre les enfans de Loüis le Debonnaire, les
incurfions des Normans & des Da-
nois: Les guerres d'Outremer, les
batailles de Courtray, de Poitiers &
Dazincour, celles qui furent données
fous le Roy Charles VII. pour l'ex-
pulfion des Anglois, les guerres du
bien public, de la Religion, & de
la ligue, combien, dis-je, ont-elles
d'étruit d'Illuftres Maifons, dont
il n'est refté qu'un peu de memoire.

Il ne faut dont pas faire eftat qu'aucune maifon tant Noble foit-elle, à
l'exception de la Royale, puiffe ven-
ter fon origine des François qui vi-
voient fous la ra ce des Meroüingiens.
S'il y en a quelqu'une qui ait cette
pretention, je n'eftime pas qu'on la
puiffe juftifier par preuves certaines
& autentiques, veu que les Terres &
les Seigneuries n'eftoient point pour

fors hereditaires dans les familles.

Il y a toutesfois plusieurs Illustres Maisons dont les Histoires sont decrites par les sieurs de Sainte Marthe, du Chesne, Justel, & autres Genealogistes, qui montent clairement jusqu'à la seconde Race de nos Roys, pendant laquelle les Offices Royaux furent changez en Seigneuries, & les terres auparavant données simplement en Benefice, c'est à dire en Fief, demeurerent en proprieté à ceux qui en estoient investis.

Ces changemens dans le gouvernement de l'Estat des François, ces applications de Terres & de Seigneuries à perpetuité aux Familles, ont servy aux Escrivains d'instrumens & de moyens faciles, pour découvrir les degrez de generation de ces Nobles & anciennes Maisons.

Mais pendant tous les malheurs qui sont arrivez à la France par les guerres Estrangeres & intestines : ce qui a esté la cause de la destruction des uns, a sans doute con-

tribué à l'establissement des autres ;
& il est indubitable que l'origine de
la plus grande partie de noftre Nobleffe Françoise se trouve, ou dans les
Croisades, ou dans les guerres qu'elle
a soûtenuës pour la deffence de la Patrie, Aussi n'estime-je pas que pour les
familles particulieres l'on puisse penetrer plus avant dans l'antiquité : parce
qu'au dessus de quatre cens ans,
les Nobles ne pouvoient estre reconnus par noms de familles, l'usage n'en
estant pas encore introduit ; car ce
n'est que depuis ce temps-là que les
noms de famille se sont perpetuez aux
descendans, soit par titres de dignitez, de Seigneuries, de Terres, soit par
noms propres, par lieux de naissance,
de Provinces, de Villes, Villages, ou
Hameaux, soit par noms de conditions, d'Arts, de perfections & de
deffauts, par marques exterieures,
sobriquets, & convenances, qui ont
fait discerner un chacun par son surnom, & distinguer les Nobles d'a-
vec les Roturiers.

CHAPITRE XI.

De la Noblesse qui s'acquiert par merite.

PAr tout ce que j'ay dit cy-def-
sus, on peut assez connoistre
ce que c'est que la Noblesse de Race,
laquelle sans contredit est la plus
estimable (ainsi que je l'ay des-ja
prouvé) *Prætabilius enim habetur no-*
bilem natum quam factum. Il faut
neantmoins encore faire distinction
de cette Noblesse du sang d'avec celle
qui s'acquiert par merite ; & faire
voir les moyens legitimes pour parvenir à cet estat si considerable.

Quoy que la maxime generale
semble vouloir, que ceux qui portent les Armes contre les ennemis de
l'Estat & de la Patrie, s'il ne sont
Nobles par leur naissance, soient
dans la voye la plus ordinaire & la
mieux frayée, pour aspirer à la No-

Mart.
Crom.in
Polon.

Reuf-
ner Co-
von. 2.

blesse: *Nobiles enim dicuntur, quod
eorum in bellicis maximè periculis nota
claraque sit virtus.* Qu'en effet il paroisse beaucoup plus de vertu, plus de
resolution & plus de courage, en af-
frontant des dangers presque assu-
rez, & inevitables, en mesprisant
mesme la mort, dont l'image terrible est effacé par ce glorieux point

Senec.
Ep. 39.

d'honneur : *Nam magni animi est ma-
gna contemnere;* Toute fois, la Noblesse ne commence pas toûjours
par les charges d'Espée, & par les
emplois Militaires. Il y a une infinité
d'hommes, qui meurent à la guerre
dans le lit d'honneur, dont la posterité ne participe en rien à leur gloire.
La Magistrature, parmy laquelle il
se trouve des hommes d'aussi grande
vertu, & aussi capable de deffendre
l'autorité des Souverains, que parmy
les hommes de guerre, est un moyen
de parvenir à la Noblesse, du moins
aussi ordinaire & bien plus seur : en
ce qu'il n'est pas decidé quelle charge d'Epée il faut posseder, pour faire

fouche de Nobleffe, au lieu que dans
la Robbe, & dans la Magiftrature
on en convient facilement.

Je fçay qu'il y a des Sçavans qui
pour favorifer l'Epée au mépris de
de la Robbe, tiennent une Jurifpru-
dance bien contraire, & qui difent,
fans faire difcernement des temps,
qu'en France les Dignités de la Robbe, n'acquierent point de Nobleffe;
d'autant que l'on voit dans les Livres
de la Chambre des Comptes plufieurs Regiftremens de Lettres de
Nobleffe, donnés par les Roys à des
principaux Officiers des Cours Souveraines, mefme à quelques-uns de
ceux qui ont tenu autre fois le premier rang dans la Robbe, fous les
Regne des Roys Charles V. Charles VI. Charles VII. & Loüis XI.

Mais cecy a efté differemment
pratiqué en ce Royaume, où tout
ainfi que dans les anciennes Mo-
narchies & Republiques, la Magiftrature ne faifoit pas feulement fouche de Nobleffe, il falloit encore

estre Noble & riche, pour devenir
Magistrat ; où tout ainsi comme je
l'ay déja remarqué, que Moyse avoit
introduit cét usage, de preferer les
Nobles dans les emplois qu'il distri-
buoit pour conduire le Peuple Juif,
& le retenir en son devoir ; où tout
ainsi pareillement que chez les Athe-
niens Thesée & Solon, qui furent leurs
principaux Legislateurs, mirent le
Gouvernement de l'Estat, l'interpre-
tation des Loix & les Offices des
Magistrats entre les mains des Nobles les plus opulans ; de plus, que
le Conseil d'Areopage estoit composé des plus Illustres entre les Nobles ; de mesme, sous la premiere &
seconde Lignée de nos Roys, tous
ceux qui entroient dans les Prelatures, & dans les principales Charges
de Justice ou de Finance, faisoient
preuve de leur Noblesse.

De mesme aussi, peut-on aujour-
d'huy suivant l'ancienne Politique,
compter en cette Cathegorie, les
Presidens, Conseillers, Avocats, &

Procureurs Generaux des Cours de
Parlemens, des Chambres des Comtes, des Cours des Aydes, & des
autre Compagnies Souveraines auſquelles par Privilege ſpecial, & par
Benefice des Roys ſont adjouſtez les
Colleges des Secretaires du Roy. Et
on ne peut pas dire avec raiſon, que
la Nobleſſe ſoit plus eſſentielle à la
condition des gens d'Eſpée, qu'à
celle des Magiſtrats. Et ſi les gens
d'Eſpée ſont prevenus d'opinion contraire, c'eſt un erreur dans lequel leur
fierté les engage aveuglement, ſans
ſçavoir, que comme il y a toûjours
eu des Chevaliers de Loix, ainſi qu'il
en eſt encore aujourd'huy, il y a
pareillement toûjours eu de la Nobleſſe attachée à la Magiſtrature.

Ce qui ſe pratiquoit autresfois à
Rome, eſt une preuve évidente de
cecy. Ceux qui ſont éclairez dans
les Hiſtoires ſçavent aſſez, que le
Senat eſtoit compoſé de Gens de
Robbe, leſquels avoient le Caractere de Magiſtrature, & avec cela,

la pluſpart eſtoient employez aux
Guerres; leurs Robbes ne les em-
peſchoient pas d'eſtre Soldats & Braves, & leur valeur ne mettoit aucun
obſtacle, aux fonctions ordinaires de
la Robbe.

Ces deux Conditions ainſi confu-
ſes chez les Romains, l'ont pareillement eſté en France, depuis le commencement de la Monarchie, juſ-
que'au Reigne de Philippes le Bel,
que ce Prince donna une nouvelle
forme à ſon Parlement, qu'il diſtri-
büa en differentes Juriſdictions, &
qu'il rendit ſedentaire. Car avant ce
temps, les Barons & Chevaliers
François eſtoient employez au fait
de la Juſtice ordinaire. Et lors que
les Roys aſſembloient leurs Parlemens, ils commettoient des Barons
& des Chevaliers pour decider les
Procés.

Depuis la Robbe & l'Eſpée ayant
eſté ſeparée, la Robbe n'a point perdu aucune de ſes prérogatives, & bien
loing d'avoir receu aucune fletriſſure,

elle s'eſt conſervée dans l'ordre de
la Nobleſſe, & eſt demeurée en droit
de juger de l'Eſtat & de la qualité
des Nobles. En ſorte que l'Eſpée
meſme en eſt demeurée d'accord, &
s'y eſt ſoûmiſe de telle ſorte, que
les Mareſchaux de France, qui ſont
les Juges ordinaires des differens per-
ſonnels & des querelles qui naiſſent
entre les Gentils-hommes, & non
pas des procés & actions réelles, ne
ſoint point de difficulté de reconnoiſtre pour Nobles ceux qui ſont
declarez tels, par les Arreſts & Jugemens des Cours Souveraines.

Guillaume Becchers, Juriſconſulte
Alleman, dans ſon Abregé des
droits de l'Empire, écrit que les anciens Allemans, lors qu'ils recevoient
un Fief Noble de quelque Prince ou
de quelque autre Potentat, par la meſme convention, ils acqueroient la
Nobleſſe, & ſans contredit eſtoient
reputez Nobles. Voicy ſon Texte :
(*allemani*) *quod ſi feudum à principe*
vel Duce, vel Comite, vel Marquione,

Lib. 3.
C. 1.

acciperent, eadem opera nobilitatem con-
sequebantur & inter nobiles refereban-
tur. Cela est contraire à ce qui se
pratique aujourd'huy, & mesme à ce
que j'ay avancé cy-dessus, que les
Princes d'Allemagne ne peuvent
faire de Nobles, dequoy j'ay eu
pour Autheurs presque tous les Escrivains du Païs, & entre ceux-cy
Christophes Bezolde, Professeur de
droit en l'Academie d'Ingolstad,
qui a traitté cette matiere à fond,
dans son Abregé politique : *Non ta-*
men nobilis fit Rusticus nobilem feudum
emens, nonnulli possident Baronatus, non
ideo Barones, sed Baronatus possessores
indigitantur.

Les Sciences, les Arts Liberaux,
ont souventefois esté des moyens favorables pour parvenir à la Noblesse.
l'Antiquité élevoit des Status, aux
sçavans Jurisconsultes, aux Philosophes, aux Medecins, aux Poëtes, aux
Peintres, & aux Musiciens ; & nos
Roys les ont pareillement honorez
du Titre de Noblesse.

J'adjoûte à cecy les Arts mecha-
niques, & ceux qui s'y font rendus
celebre. Il faut placer entr'eux les
excellens Ingenieurs & Architectes,
les grands Negotiens & Voyageurs,
qui ont fait quelque découverte de
confequence, ou quelque entreprife
confiderable avec fuccés. Et voila
les emplois qui ordinairement d'un
homme Populaire en font un Noble.

CHAPITRE XII.

Comment la Nobleffe fe con-
tinüe dans les Familles.

APrés avoir fait voir de quelle
maniere s'acquiert la Nobleffe,
c'eft une jufte fuite de marquer comment elle fe doit perpetuer dans les
Familles, & le progrés qu'elle doit
faire pour devenir Nobleffe de fang.

A Rome du temps de la Republique, la Nobleffe ne compofoit pas

un ordre diſtingué des autres Ci-
toyens; c'eſtoit ſeulement une qualité qui adjoûtoit quelque excellence
à l'Ingenuité, & qui attribüoit le droit
d'avoir chez ſoy les pourtraits & les
images de ſes Anceſtres, qui avoient
eu de grands emplois, dans la Robbe,
& dans l'Eſpée.

L'Ingenuité eſtoit auſſi à-peu prés
chez les Romains à l'égard de la naiſſance, ce qu'eſt parmy nous la Nobleſſe; en ſorte que cette méme Ingenuité en legitime Nopces venoit toûjours de la condition du Pere, &
hors les Nopces elle venoit toûjours
de la condition du ventre, c'eſt à dire
de la Mere.

La Nobleſſe en tous lieux comme en France, ſe continuë dans les
Familles par degrés de generation de
maſles en maſles nés en legitime
Mariage, & non autrement.

Cette Regle fondamentale qui
n'eſt déſavoüée d'aucune Nation, a
beſoin toutesfois de quelques éclair-
eiſſemens, pour la dégager des at-
teintes qu'elle peut recevoir par les

raiſonnemens ſubtils de quelques en-
ciens Interpretes de droit ; car il y en
a eu des plus fameux , qui ont ſoûte-
nu qu'il n'eſt pas neceſſaire pour la
propagation de la Nobleſſe qu'il y
eût Mariage; Guy le Pape entre ceux-
cy , a eſtimé que tout ainſi que les
Enfans natureis des Roys naiſſent
Princes , & qu'autres-fois , meſme en
France (ainſi qu'il le ſuppoſe) ils
ſuccedoient & avoient part au
Royaume , lors qu'il eſtoit ſujet à
eſtre partagé : & que depuis encore
en la ſeconde Race , ils ont ſans contredit ſuccedé à la Couronne : il en
devoit eſtre à-peu-prés de meſme des
enfans naturels des Gentils-hommes,
qui devoient au moins eſtre reputez
Nobles, exempts de Tributs & de
ſubſides, & generalement joüir des
privileges de la Nobleſſe, & adjoûte
qu'il ſuffit que la Loy les fruſtres de
ſucceder à leurs parens de méme ſang
& ligne, ſans leur oſter un bien naturel, qui leur appartient par le ſeul
droit de leur naiſſance. On pourroit

encore dire en leur faveur, que dans les Histoires il s'y rencontre que le Bâtard d'Armagnac, les Bâtards de la Trimoüille, de Sarrebruche, de Rubempre, de Culent, de Brimeu, & autres, sont dans les mémes honneurs, & dans les mémes Emplois Militaires, que les legitimes de leur nom & Armes.

Mais il y a tout à répondre à cela; & premierement je dis, que le Sang des Sujets ne doit point entrer en comparaison avec celuy des Roys, ny celuy-cy estre tiré en consequence pour qui que ce soit; secondement que la politique des François s'estant perfectionnée, les Bâtards des Roys sont décheus d'une partie de leurs prerogatives anciennes, puis qu'il ne succede plus (si tant est toutesfois qu'ils ayent succedé) & que ce leur est encore un grand advantage d'estre reconnus Princes.

Je pourrois encore dire davantage & soûtenir avec raison que jamais Bâtard depuis l'établissement de la
Monarchie

Monarchie, n'a eu part au Royaume
de France; que les principes de Guy
le Pape font imaginaires, & que c'eſt
une erreur groſſiere qui s'eſt gliſſée
dans l'Hiſtoire: que Thierry Roy
d'Auſtraſie fils aiſné du grand Clovis
ait eſté Bâtard, puiſque les plus cele-
bres entre les Hiſtoriens, tels que
font Gregoire de Tours, Frede-
gaire, l'Auteur de la Cronique de
Cambray, & de celle de Moiſſac,
Aimoïn Moine de Fleury & autres
contemporains, n'en font aucune
mention; le ſeul Roriçon a eſcrit
qu'il étoit nay d'une Concubine, laquelle il a fletrie de cette injurieuſe
qualité, parce qu'il ne ſçavoit pas
ſon origine, ou parce qu'elle eſtoit in-
fidelle, ne prenant pas garde, que lors
de la naiſſance de Thierry, Clovis
méme ſon Pere n'eſtoit pas encore
éclairé des lumieres de la Foy.

Les deux fils aiſnez de Loüis le
Begue Roy de France, Loüis & Carloman, n'ont pas eſté pˡus favorablement traitez par les Hiſtoriens des

Annal.
Meten.
87S.
Regino
ad euſd.
ann.

H

derniers Siecles qui les ont fait paſſer pour Baſtards : encore que l'un & l'autre ſoient venus au monde pédant le Mariage du Roy Loüis leur Pere, avec Anſgarde fille du Comte Hardoüin, & Princeſſe de grande Nobleſſe : laquelle à la verité depuis fut repudiée par le meſme Loüis le Begue, n'eſtant pas encore Roy, pouſſé à cela, par le commandement abſolu de Charles le Chauve ſon Pere, contre la volonté duquel il l'avoit eſpouſée.

Mais, cette repudiation n'a pas empeſché que le Mariage n'ait eſté valablement contracté, & que les Enfans qui en ſont ſortis, ne fuſſent legitimes. Ainſi c'eſt à tort que cette tache de Baſtardiſe eſt imputée à ces deux Princes, par nos Hiſtoriens, ſans un examen des Autheurs qui ont approché de leur temps. Veu qu'il n'y en a aucun qui parle d'eux autrement que comme de Princes legitimes, auſquels par droit de ſucceſſion l'on mît la Couronne ſur la teſte,

aprés la mort de Loüis le Begue leur
Pere.

Le Traité de Furnes fait entre le
mefme Loüis le Begue & Loüis d'Allemagne, l'an 878. témoigne auten-
tiquement l'aveu que le mefme Louis
le Begue fait de fon premier Mariage, par la reconnoiffance qu'il y fait
de fes Fils, Louis & Carloman. En
l'Article 3. de ce Traité, il eft porté
que fes deux Roys s'entr'aideront
en toutes chofes, & que le furvivant
des deux protegera dans le Royaume, foit de France ou d'Allemagne,
les Enfans de celuy qui decedera le
premier. Papirius Maffon a tres-judi-
cieufement démelé cette difficulté en
l'Hiftoire, faifant voir que Loüis &
Carloman eftoient legitimes : Monfieur le Prefident Fauchet a efté de
fon fentiment, & les fieurs de fainte
Marthe les ont fuivis.

En troifiéme lieu, je dis qu'à l'é-
gard des Baftards des Gentils-hommes, encore qu'en France ils ayent
eu autrefois les honneurs & les em-

plois pareils aux legitimes, l'ufage en
eft changé,& la Coûtume en a été rai-
sõnablement abrogée ; car s'il eft permis de faire comparaifon,il eft certain
que les Bâtards des Princes ne font pas
Princes, & que cela paffe pour Loy.
Comment donc, & par quel moyen
de droit les Bâtards des Gentils-
hommes pourroient - ils pretendre la
Nobleffe,& foûtenir la qualité d'un
Pere incertain ?

Cette raifon morale & politique
tout enfemble, qui refulte de l'in-
certitude du Pere, a donné lieu à ce
changement, & on a trouvé que le
fruit de la débauche d'une proftituée
eftoit fouvent reputé l'ouvrage d'un
Gentil-homme de confideration , &
cét ouvrage par adventure eftoit celuy de fon Palfrenier.

Le droit Romain decide cette
queftion, par la reffamblence qu'il y
a de l Eftat d'Ingenuité des Romains
avec celuy de Nobleffe, & conclud,
qu'un Bâtard ne peut eftre de meilleure condition que fa mere.

Dans la Loy du Christianisme
sous laquelle nous vivons, un Bâtard
pourroit-il avoir plus de prerogatives,
que n'eurent dans la Loy de Nature *Genes.*
les enfans d'Agar & de Cetura Con- *c. 21.*
cubines d'Abraham, lesquels bien *& 25.*
loing d'avoir part à la Noblesse de
leur Pere, n'eurent en partage que
quelques dons, qu'on leur mist en
main, avec l'Arc & le Carquois, & la
liberté d'aller chercher fortune en
Orient.

De tout ce que j'ay dit cy-dessus,
on peut infailliblement recüeillir ces
maximes : Que la propagation de la
Noblesse se fait de pere en fils en
legitime Mariage; que jamais en
France il n'y a eu de Bâtards sur le
Throsne ; que les Bâtards des Roys
sont Princes ; que les Bâtards des
Princes sont Gentils hommes, &
que ceux des Gentils-hommes sont
Roturiers.

CHAPITRE XIII.

De la Noblesse par les Femmes.

LA Noblesse qui procedoit par les Femmes a esté fort consi-derée par les Anciens ; ils ont employé toute leur Eloquence pour donner quelque dignité au sexe ; les Ouvrages des Poëtes sont remplis des éloges de cette sorte de Noblesse: *Genus materna superbum Nobilitas dabat , incertum de patre tenebat.* Ils ont trouvé que les Femmes excelloient au dessus des hommes, par une infinité d'avantages exterieurs, par la beauté , par l'ornement du discours, par l'harmonie de la voix, par un certain brillant de genie , qui leur est particulier ; l'Asie a venté les les hauts-faits des Amazones ; le Septentrion a produit une infinité d'Heroïnes ; les Femmes des Gaulois

Virg.
XI.
Æn.

eſtoient eſtimées pour avoir un ſens fort épuré, & pour eſtre capables de bons avis : & pour cela elles eſtoient admiſes au Conſeil, dans les affaires d'Eſtat les plus difficiles , & les plus épineuſes.

Nonobſtant ces advantages : c'eſt une extréme diſgrace pour le ſexe Feminin, que tant de belles qualitez jointes à la complaiſance , & à l'amour qu'elles ſont capables d'inſpirer, n'ayent point fait d'impreſſion ſur l'eſprit des François, qui ſe ſont toûjours montrez aſſez vigoureux pour reſiſter à leur charmes, aſſez honneſtes pour reſpecter leur vertu, & pour eſtimer leur modeſtie, & encore aſſez prudens pour connoiſtre que les Femmes ſont naturellement cruelles, ambitieuſes & avides d'authorité : *ſi licentia adſit*, dit Tacite : & que la nature méme ne veut pas qu'elles dominent: *Natura fecit ſumptuoſiſſimas Fœminas , ſed non vult eas imperare.* Auſſi voit-on qu'en France, les Femmes ne contribuent en rien à la No-

Ann. l. 3.

Me-
nander.

bleſſe; car la Nobleſſe eſt perſonnelle
en ce ſexe, lequel ne la comunique
point à ſes deſcendans, ſi ce n'eſt
qu'il s'agiſſe d'ordre Militaires, ou
il faut faire preuve du coſté du Pere
& du coſté de la Mere.

Ce ne fut pas à l'avantage des
Femmes, ny pour aucune conſideration de ce ſexe, que le Roy Charles
le Chauve (aprés la fameuſe & ſan-
glante Bataille donnée l'an 842. à
Fontenay, proche la Riviere d'Ionne
en Auxerrois, entre luy & Loüis Roy
d'Allemagne, joints enſemble contre
Lothaire Empereur, & Roy de Lom-
bardie leur frere, où perit toute la Nobleſſe de Champagne) permit aux
femmes & aux filles Nobles d'épouſer
des Roturiers, avec cette cloſe expreſ-
ſe, que les enfans qui proviendroient
de leurs Mariages ſeroient reputez
Nobles. Ce Privilege fut donné en faveur & pour un plus prompt reſtabliſ-
ſement du Corps de Nobleſſe, dont
cette province étoit entieremét dénuée

Ce Privilege donné aux veuves &

aux filles Nobles affligées de la perte de leur maris ou de leurs peres & de leurs freres en cette funeste occasion, s'est estendu generalement pendant plusieurs Siecles à toutes les femmes & filles Nobles par leur naissance, en toute l'estenduë de la Champagne, les Coustumes establies par le Comte Thibavet VI. en font foy. Ce mesme Privilege s'y est aussi continüé jusqu'au Siecle dernier : ainsi qu'il se voit par plusieurs Actes autentiques, & par des Jugemens rendus en divers temps dans les Bailliages de cette mesme Province, que le sçavant Pithou a rapportez en son Commentaire sur la Coustume de Champagne.

Neantmoins cét usage toleré en un temps, & enfin devenu méprisable & odieux à toute la Noblesse Françoise, fut aboly sous le Regne de Charles IX. par un celebre Arrest de la Cour des Aydes de Paris, qui restreignit le Privilege du ventre Noble, aux effets coustumiers seule-

ment ; & semblablement les Couftumes particulieres de Champagne,
l'ont moderé depuis, aux mefmes
effets : mettant à part le droit du Roy,
qui ne donne point fans connoiffance
de caufe, aucun privilege contre fa
Couronne.

La Nobleffe qui vient par les femmes me fait fouvenir d'une lecture
que j'ay faite d'un voyage des In-
des Orientales, où il eft écrit qu'au
Royaume de Calecut . le Samorin,
c'eft-à-dire le Roy, n'a point d'autres
heritiers, que les enfans de fa fœur,
entre lefquels toutefois le mafle eft
preferé à la femelle. Et cét heritier
aura de mefme pour luy fucceder un
des enfans de fa fœur. Il y a encore
d'autres Eftats en cette partie de l'A-
fie, où la fucceffion du Royaume appartient au fexe feminin, & par une
Loy toute contraire aux noftres, les
mafles en font exclus, la fille fucce-
de à la mere, par la raifon, que les filles font toûjours du Sang des Reines,
& qu'il n'eft pas certain fi les mafles

en font. Telles font les fucceffions de
ces Couronnes , & telles font auffi
les prerogatives du fexe feminin en
ces Terres de l'Orient.

CHAPITRE. XIV.

Qu'il faut eftre nay de libre Condition, pour acquerir la Nobleße.

OUtre les belles qualitez d'Ames
qu'il faut poffeder en general
pour recevoir la Nobleffe par Benefice du Prince , il en eft requis une
autre attachée au Sang, qui eft d'eftre
nay libre.

Anciennement les hommes de
ferve condition, incapables de tous
honneurs par la difgrace de leur naiffance, en eftoient exclus; & tout ainfi
qu'il ne pouvoient eftre ordonnez
Clercs fans le confentement de leurs
Seigneurs , auffi ne pouvoient-ils

eltre élevez à la Nobleſſe, meſme par Lettres du Roy, ſans au préalla-ble avoir eſte legitimement affran-chis.

C'eſt l'ancien uſage. Et cela ſe reconnoiſt par la teneur de pluſieurs Lettres d'Annobliſſement données par les Roys, en la Province de Champagne, où les ſervitudes per-ſonnelles ont continué juſqu'à la fin du quinzieme ſiecle. L'Anno-bliſſement de Jean Choppin, l'un de mes Anceſtres maternels de l'an 144ʿ. en fait encore plus pleinement foy. Il eſtoit Champenois, & pour lors Bour-geois de la Ville de Troyes, ſa poſ-terité s'eſt retirée à Paris, & de-là s'eſt répandüe dans le Païs Orleannois, & dans l'Anjou. Cét Annobliſſe-ment luy fut dőné par le Roy Char-les VII. en conſideration des ſervices qu'il avoit rendus à ce Prince contre les Anglois. Dans le Texte des Let-tres, il eſt préciſement porté, qu'il eſtoit nay de Condition libre. Elles ſont regiſtrées en la Chambre des

Comptes à Paris, en un Regiſtre de Velin, qui commence en l'an 1439. au feüillet C X I. Voicy les termes du Regiſtre conforme à ceux des Lettres patentes : *Ioannes Choppin civis Trecenſis homo liberæ conditionis in legitimo matrimonio procreatus, qui ex plebüÿs parentibus ſumpſit originem intuitu gratuitorum ſervitiorum per ipſum Choppin in obſidionibus in partibus campaniæ poſitis contra adverſarios domini. Regis &c. de Nobilitate ipſius perſonæ Choppin & ejus poſteritatis utriuſque ſexus. &c. expedita in camera &c. die XI. febr. anno. 1446.*

Depuis que les ſervitudes ont eſté abolies en France par l'authorité des Roys, l'on n'a plus uſé de cette precaution dans les Lettres d'Annobliſſement.

A ce ſujet, je ne dois oublier de dire, que de meſme maniere que les hommes de ſerve condition ſont incapables d'acquerir la Nobleſſe; auſſi la Nobleſſe ne peut-elle ſe perpetuer aux enfans d'un Pere Noble, ſi la

ſi la mere n'eſt pas de libre Condition , & bien loing que la Nobleſſe
puiſſe paſſer aux enfans, ils doivent
ſuivre la Condition de la mere, par
la raiſon de droit que : *extra conju-*
gium partus ſequitur ventrem.

Il y a des Autheurs qui eſtiment
qu'il eſt au pouvoir d'un Patron, s'il
eſt d'aſſez grande qualité, de faire
Chevalier celuy qui ſera ſorty d'un
Gentil-homme & d'une femme de
Corps de ſa Seigneurie ; mais il y en
a d'autres qui raiſonnent plus juſte,
& qui tiennent que le Patron doit
premierement affranchir la Mere, &
enſuite diſpoſer de l'Enfant ; & c'eſt
là le chemin le plus droit que l'on
pût tenir.

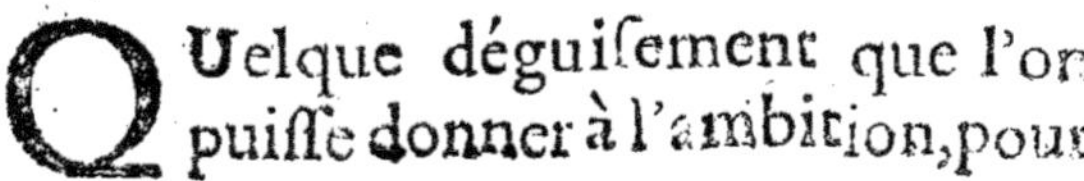

CHAPITRE XV.

Par quels moyens ſe prouve
la Nobleſſe.

Q Uelque déguiſement que l'on
puiſſe donner à l'ambition, pour

tâcher de la garantir de tout ce qu'il
y a de vitieux en elle ; il est bien difficile de luy donner de bons principes, & encore plus de luy faire
avoir d'heureux évenemens.

Cette passion si dereglée & sujette à de si vastes imaginations, engage
insensiblement les hommes qui en
sont aveuglez, à ne pouvoir souffrir
d'égaux ; & les porte ordinairement
à s'élever au dessus des autres par toutes sortes de moyens, sans considerer
s'ils sont legitimes : *Tanto major famæ* Sat. 10.
sitis est quam virtutis.

Des effets si contraires à la Justice,
à l'équité naturelle & à la bonne Politique, obligent de temps en temps,
les Princes & les Estats, à faire reflexion sur les abus qui se glissent
parmy leurs sujets, par les usurpations
frequentes que plusieurs font du titre
de Noblesse, & à rejetter ce qu'il y
a d'impur dans cét Illustre Corps.

Encore qu'en France on ait employé toute l'exactitude possible, dans
les recherches qui ont esté faites con-

tre les ufurpateurs de Nobleffe, depuis cent ou fix vingts-ans : Il a toutesfois efté impoffible de découvrir
toutes les fupercheries, & toutes les
fourbes, defquelles fe font fervis beaucoup de gens, pour s'introduire dans
l'ordre de la Nobleffe.

Nos Roys ont apporté beaucoup
de foin par une infinité de Declarations, pour punir ces entreprifes ;
ils y ont employé le miniftere de leurs
Cours & de leurs principaux Officiers. Le Roy Charles IX. en 1560.
aux Eftats d'Orleans, fit un Edit,
dont le 110. Article eft contre les
ufurpateurs de Nobleffe, contre lefquels il veut qu'il foit procedé fous
de tres-grieves peines.

Le Roy Henry III. en 1685. voulut rejetter ce que les defordres des
Guerres de la Religion avoient introduit de fufpect dans le Corps de la
Nobleffe : Et depuis en 1589 fé fit
l'Ordonnance de Blois, fuivant laquelle, il voulut que les ufurpateurs
fuffent multez d'amendes, & de
peines

peines arbitraire, conformement à
l'Ordonnance d'Orleans.

Henry IV. en 1598. publia une
Declaration contre ceux qui à la faveur de la Ligue, s'étoient induëment
gliſſez dans le Corps de la Nobleſſe.

Du Regne de Loüis XIII. ce
fût un de principaux Articles des
Eſtats de 1614. que l'on feroit une
recherche exacte des uſurpateurs de
Nobleſſe ; mais cette propoſition fut
ſans effet.

En 1643. à l'entrée du Regne de
noſtre heureux Monarque, regnant
aujourd'huy glorieuſement : La
Reine Regente ſa Mere, envoya
des Commiſſions dans les Départe-
mens de chacune Generalité, pour
eſtre informé contre les uſurpateurs
du titre de Nobleſſe : & les vrais
Nobles furent contraints d'en rapporter les preuves.

En l'an 1661. le meſme Monarque ayant mis ſon Royaume en tres-
profonde paix, aprés ſon Mariage
avec la Sereniſſime Marie Thereze

I

d'Auſtriche, Fille de Philipes IV.
Roy d'Eſpagne, & d'Elizabeth de
France, & reconnoiſſant les deffauts
qui s'eſtoient coulez dans les prece-
dentes recherches, creut que les In-
tendans départis dans les Provinces
auroient plus d'autorité, & d'autant
plus de lumieres pour découvrir les
maux, que les Commiſſaires prece-
dens avoient plûtôt autoriſé que re-
formé : & pour cela, il leur attribüa
la connoiſſance pour le fait de Nobleſſe. Il y adjoûta des Intereſſez
pour l'examen des Actes ; il y joignit
de lourdes amandes contre les cou-
pables d'uſurpation ; & toutes ces
precautions n'ont ſervy qu'à oſter la
Nobleſſe à quelque malheureux,
dont la pauvreté a empeſché d'en donner les preuves, & à l'aſſeurer à ceux,
qui ont eu aſſez de richeſſes, pour
corrompre les Intereſſez, & aſſez
d'induſtrie pour, par des titres ſpé-
cieux & ſupoſez, faſciner les yeux
d'un Juge Souverain.

Les moyens dont on ſe ſert pour

justifier la Noblesse, sont, ou d'avoir
un titre Original, soit Lettre du Prince en forme autentique, soit quelqu'autre Acte équipolant à un titre
original d'Annoblissement : ou une
possession immemoriale bien prouvée
& sans dérogeance.

La possession se prouve par les dignitez des Ancestres, par les Charges & Emplois Militaires, par les
Quittances de service, qui se trouvent
attachées aux pieds des Roolles de
Gendarmerie ; par les Actes publics &
par les Arrests des Parlemens, des
Chambres des Comptes & des Cours
des Aydes : par les Sentences & Jugemens contradictoirement rendus
dans les Jurisdictions inferieures : par
les Histoires anciennes generales &
particulieres des Royaumes & des Villes : par les Tombeaux & Armoiries :
par les enquestes faites par Turbes, &
par la commune renommée des Gens
du plat-Païs, qui ne déguise point la
verité. Ces deux derniers moyens,
dont on ne fait aujourd'huy aucun

cas , font ceux fur lefquels il fe'peut
moins rencontrer d'abus; ils ont efté
eftimez par les Jurifconfultes & Praticiens des fiecles paffez,comme lesplus
feurs pour prouver une Nobléffe: *No-*
bilitas per folam famam & communem
æftimationem probatur , quafi Nobilis fit
quem vulgus & communis eftimatio No-
bilem reputat. La raifon eft , que le
vulgaire ne fe trompe pas facilement
dans ces interefts , & qu'il y va beaucoup du fien d'élever un homme ,
dont les Charges perfonnelles tom-
bent fur luy.

Les degrés de generation fe prou-
vent par Extraits Baptiftaires fous
un Sceau public , par les Contrats
de Mariage où font décrits les noms
& les filiations des Anceftres , par
Partages de biens de famille , par
Ports de foy & hommage, par Aveus
& dénombrement , par Actes d'elections de Tuteurs ou Curateurs , par
les Inventaires de biens paternels ,
où les Compartageans font dénõmés,
par des Tranfactions autentiques&par

d'autres Actes de cette nature.

Voila à-peu-prés les moyens ju-
ridiques, par lesquels on peut prouver la Noblesse. Je passe aux accidens
qui peuvent en rendre indigne.

CHAPITRE XVI.

Des Deffauts, Vices, Actions & Conditions, qui font déchoir de la Noblesse.

TOut ainsi que le chemin le plus
frayé pour parvenir à la Noblesse, est la vertu : De mesme le Vice qui comprend en soy tout ce qu'il y
a d'odieux, peut sans doute faire déchoir de cét illustre Estat, celuy qui
en est entaché.

On n'a point encore trouvé d'homme assez dépourveu de jugement,
qui se soit figuré que dans le temps
auquel nous vivons, ou dans les Siecles avenir, les Assassinats, les Larcins,

les Sacrileges, l'Oppreſſion de la
veufve & de l'innocent fuſſent les
devoirs legitimes des Nobles. Et la
Vertu a tant de poids ſur l eſprit des
hommes, que les plus déreglez & les
plus vitieux ne ſe peuvent empeſcher
d'en publier les loüanges.

Comme donc j'ay ſeulement eu
pour objet en cét Ouvrage la Nobleſſe du ſang, j'ay par meſme moyen
obſervé, que les Vertus qui pour l'ordinaire contribuent à l'embelliſſe-
ment de l'Ame, ne ſont pas les meſmes en eſpece, que celles qui ſont
neceſſaires pour la Nobleſſe Politique : Et par un autre raiſonnement,
je dis auſſi, que les vices contraires
aux vertus heroïques, leſquelles
doivent eſtre naturellement attachée
à la Nobleſſe, la détruiſent moins,
que ceux qui ſont oppoſez aux vertus
qui forment la nobleſſe de l'Ame.

Car par exemple, la Puſillanimité
qui eſt contraire à la Force (vertu
inſeparable de la Nobleſſe Civile, &
qui la premiere a mis de la difference

dans les conditions des hommes) ne
détruit pas affeurément la Nobleffe.
La Temerité qui eft un vice oppofé à
la Prudence, laquelle eft une vertu
autant neceffaire qu'aucun autre à la
conduite de la Nobleffe, ne s'accorde que trop bien avec elle. l'Ambition, l'Avarice & la Vengeance qui
fe déguifent facilement pour imiter
les Vertus, font des défauts qui fuivent
communement la Nobleffe, & avec
lefquels elle ne laiffe pas de fe foûtenir
avantageufement.

Il en eft tout au contraire des Vices qui combattent les Vertus Theo-
logales, lefquelles ne repandent leur
benignes influences que fur les Ames
qu'elles rendent feulement plus reli-
gieufes, plus fideles à Dieu, plus
charitables pour le prochain, plus capables de penetrer dans les Myfteres
Sacrez, plus remplies d'efperãce pour
l'Eternité ; lefquelles auffi n'ont jamais guere contribué à acquerir la
Nobleffe Civile, fi ce n'eft qu'elles
ayent efté accompagnées d'autres

Vertus heroïques. Ces vices, dis-je, tels que sont l'Impieté, le Meurtre, le Parjure, le Larcin, le faux Témoignage, sont de la nature de ceux avec lesquels la Noblesse Civile ne peut compatir.

C'estoit une maxime parmy les Romains du bas Empire, que la Noblesse se perdoit par l'Infamie. Les empereurs Henorius & Theodose ont decidé, que la Noblesse ne pouvoit s'entretenir saine, sans honneur & sans honnesteté de vie : André Tiraqueau Senateur dans le premier Tribunal de France, & le plus universel dans les sciences qui fût en son temps, est d'un avis plus favorable à la Noblesse : Il dit, que tout ainsi que les Prestres & les Clercs ne perdent pas la Clericature & le Caractere Sacerdotal pour un forfait, & que l'on les prive seulement des prerogatives de leur Ordre & de leur Estat : que par mesme raison, les Nobles qui menent une vie infame, ne sont pas décheus entierement de leur Noblesseſe. Mais que l'on les doit priver pour un temps des honneurs & des prérogatives qui y ſont attachées.

Barthole Juriſconſulte celebre, ſemble tenir pour ce ſentiment, lors qu'il dit : que l'Infamie eſt tellement incompatible avec la dignité de la Nobleſſe, qu'un Gentil-homme qui eſt tombé dans ce malheur, ne peut s'en relever, ny meſme ſe rétablir par la correction de ſes mœurs, ny par une meilleure vie ſubſequente, & qu'il faut des Lettres du Prince, pour le réhabiliter, & pour le mettre en ſa bonne reputation.

Le crime de Ruben, & la peine qu'il en ſouffrit, eſt l'exemple primodial & qui a ſervi de loy generale, pour contenir la Nobleſſe dans l'integrité des mœurs, & dans l'honneſteté de la vie Civile. Ce fils aiſné de Jacob, fut dégradé de ſa Nobleſ- *Geneſ.* ſe, ayant ſoüillé le Lit de ſon Pere, *c. 2.* par l'inceſte abominable qu'il commit avec Bala l'une de ſes Concubines ; & tomba pour ce ſujet dans l'Ignobi-

lité, & en receut la malediction fur
la Montagne de Garizim, avec les
cinq autres Tribus.

Deuter.
22.

La Vertu eftant, comme nous
avons des-ja dit, par tant de diverfes
expreffiós, une qualité neceffairemét
attachée à la Nobleffe : on n'a jamais
fait de doute, que par le deffaut de
vertu, qui fe rencontre dans les conditions mercenaires, & dans les exercices communs des Arts Mecaniques, les mefmes Arts & conditions,
n'ayent efté des fujets de dérogeance
à Nobleffe.

La Marchandife toutefois a trouvé de la protection en certains Eftats,
qui fubfiftent par le moyen du commerce. La raifon eft, que ce commerce
eft entretenu par l'induftrie, & par
la hardieffe de ceux qui s'expofent à
mil dangers ; & cela eft affez fpe-
cieux.

Tit. liv.
Lib. 21 En d'autres Eftats mieux policés,
mefme dans les anciennes Republiques, la Marchandife a toûjours efté
réjettée comme une condition non

pas des-honneste : mais incompatible
à la Noblesse : *Questus omnis, patribus
indecorus visus est, ne sordibus majestas
ordinis amplissimi pollueretur.* Et de
bonne-foy, il peut dans le Trafic naistre des accidens plus contraires à la
vertu, que dans l'excercice des arts
mecaniques : ne paroissant en celuy-
cy, qu'une grande franchise, & un
travail innocent pour survenir au necessaire : au lieu que dans le trafic,
si la fraude, l'avarice, & le menson-
ge ne sont pas absolument les moyens
ordinaires pour profiter, il faut demeurer d'accord que tres souvent il
y a du deffaut de candeur & d'ingenuité, qu'on y peche contre la verité & contre la Justice, & que les
choses qui se font avec astuce & obscurité, ne s'accorde pas volontiers
avec les Ames Nobles.

La bonne Politique dans un estat
va toûjours au devant de la confusion. Si le trafic estoit permis aux Nobles, quelle distinction y auroit-il entre le Noble & le Roturier ? Le plus

puissant n'opprimeroit-il par le foible ? & de plus si cela estoit ainsi, les
grands Seigneurs qui ont de grand revenus, attireroient tout le commerce
à eux, & le peuple demeureroit
dans l'oisiveté & dans la misere.

La réponce que fit Sigismond
III. qui regnoit en Pologne dans le
siecle passé, aux Nobles de son Royaume, qui demandoient la liberté de
faire le Commerce sans blesser leur
Condition Noble, a bien du rapport
à ce sujet, & fait voir qu'il faut que
chacun se tienne à sa Condition.
Le Roy leur declara en ces termes :
Dans mes Estats j'ay besoin de trois
sortes d'hommes, de Laboureurs qui
cultivent la Terre, de Marchand qui
trafiquent par tout le monde, & de
Gentils-hommes qui deffendent ma
Personne & mon Estat.

Zonare rapporte que l'Empereur
Theophile fit brusler au Port de la
Ville de Constantinople un Vaisseau
chargé de Marchandises pretieuses,
arrivées de Syrie, par l'industrie de

l'Imperatrice Theodore, à laquelle
il fit un reproche digne de la Majesté
d'un grand Empereur, la menaçant
mesme de la mort, ainsi que l'écrit
Cedrenus: He quoy? luy dit-il, Dieu
m'a étably sur le Throsne, & m'a
mis le Sceptre en main; & par vô-
stre Avarice vous voulez me faire paffer pour un Patron de Navire ! il faut
laisser le trafic aux Marchands ; Car
fi outre les Richesses de l'Empire, je
prenois encore les profits, qui viennent
du commerce, comment les gens de
basse fortune pourroient-ils survenir
à leurs necessitez.

Les Fermes, les Banques, & les
Receptes ne peuvent estre de meilleure Condition que le Commerce &
que le Trafic. Et si celles de l'Estat en
font exceptées, c'est par une jurif-
prudence nouvelle, qui ne se trouvera pas autorisée par aucune Loy,
ny par aucune ancienne Ordonnance.

Reste à voir si la Pauvreté confer-
ve une meilleure estime que la Mar-

chandife, que les Fermes, les Réceptes, les Banques, les emplois Mecaniques, les deffauts d'honneur, & que les vices que j'ay cy-deffus touchez. Il fe trouvera fort peu de gens, qui veillent prendre le party de la Pauvreté ; c'eft un Eftat miferable, que tout le monde fuit. *infelix paupertas nihil habet durius, in fe quam quod ridiculos homines facit :* c'eft un eftat qui en ce fiecle recompenferoit mal fes Panegyriftes. Il faudroit retourner au temps de Diogene, pour eftre efcouté fur l Eloge de la Pauvreté : ou au moins à Lacedemone l'ancienne, où la Pauvreté eftoit generale & en eftime.

Entre la pauvreté & la Nobleffe, il y a une telle difproportion, que la Nobleffe n'eftant autre chofe que bien des richeffes jointes à beaucoup d'honneur, il femble que la pauvreté ordinairement accompagnée de mifere, ne doive pas feulement rendre la Nobleffe méprifable, mais elle luy ravit entierement l'honneur. Les So-

phiſtes anciens remplis de vaine gloire, tenoient cette maxime : qu'il ne
pouvoit y avoir de Nobleſſe en un apud.
Strob.
s.87.
ſujet mépriſable. Les Comiques
ſuivoient ſouvent leur morale. Me-
nandre dit que la pauvreté, qui n'eſt
guere ſans quelque ſorte d'Ignominie, détruit tout ce qu'il y a de Noble & genereux en un homme. Eurapide dit davantage, & veut qu'un
Noble tombé dans la pauvreté, ne
puiſſe plus reprendre vigueur ny ren-
trer dans l'éclat de ſa premiere Nobleſſe : *Nobiles mortalium dum paupe-
res ſunt non amplius clari exiſtunt.* Celuy-cy n'eſt pas toûjours dans cette
humeur ſevere contre la Nobleſſe ap-
pauvrie ; & en un autre endroit il dit
que les richeſſes peuvent bien manquer à un Noble, mais que la generoſité & la Nobleſſe ne s'évanoüiſſent
jamais : *Pecuniæ quidem domeſticæ nos
deficiunt, Nobilitas autem & generoſitas
manent.*

Il eſt vray qu'il y a une Pauvreté
honneſte, qui peut bien affliger la

Nobleſſe, ſans luy déplacer le cœur.
Il y en a encore une autre qui pro-
vient du mépris des richeſſes & qui
luy donne de la reputation. C'eſt de
ces ſortes de Pauvretez dont eſcrit
Juvenal : *Commune id vitium eſt, hic
vivimus ambitioſa paupertate omnes.*

Je ne doute pas que la Pauvreté
qui rend neceſſiteux, ne puiſſe diminuer le credit & ternir en quelque
maniere l'éclat de la Nobleſſe ; mais
elle ne la peut détruire : & ſi en effet
elle la bleſſe en quelque choſe, ce
n'eſt que par accident qui peut à méme temps ceſſer.
Les princes & les grãds Seigneurs ſur-
viennent ordinairement, par une liberalité tout-à-fait favorable à leur gloire, à ces malheurs de la Nobleſſe, lors
qu'ils prennent de pauvres Gentils-
hommes à leur ſervices, qu'ils en font
des Pages, & qu'ils ont ſoin de leur
éducation, qu'ils en font leurs principaux Officiers, qu'ils leurs procu-
rent des emplois & des biens de
fortune. Ces ſortes de ſervices ne peuvent

peut tourner en opprobre à la Nobleffe, puis qu'il ne fe commet rien
en leur exercices, que de liberal &
d'honnefte : *Nec pudendum eft hoc fer-* Cromer.
vitutis genus , cum fit liberale & focia- in Pol.
bile.

Tout ce qu'il y a eu de Philofophes
dans les Sectes anciennes (que je di-
ftingue fort des Sophiftes) a parlé
trop avantageufement de la Pauvreté , pour luy donner un fi fâcheux effet , que de la rendre deftructive de la Math.
Nobleffe. Le Chriftianifme mefme ch. 5.
ne pretend pas dégrader un homme
plein d'honneurs & de Richeffes,
quand il luy infinuë la Pauvreté, comme la premiere de toutes les Beatitu-
des; il n'exige pas des Fideles une Pauvreté forcée , dans laquelle il y a plus
de mifere que de Vertu. Il demande
un détachement des Richeffes : *Vt fint* 1. Co-
tanquam non poßidentes, pour en faire rinth. c.
part à ceux qui n'en ont point , & ce 7.
détachement n'eft point fans genero-
fité.

Il faut donc conclure, que dans les

K

maximes de la Philosophie Chreſtien-
ne, Morale, ou dans celles de la Politique, il y a des Pauvretez honneſtes
dont on fait eſtime : qu'il n'y a point
de honte à un homme qui a pour objet
en toutes ſes actions le ſouverain bien,
de faire profeſſion d'une honneſte
Pauvreté ; Que c'eſt une verité, que
la Pauvreté couvre beaucoup de vertu
en celuy qui la ſouffre avec patience;
Que la Pauvreté luy eſt une puiſſante
conſolation, quand il fait reflexion
ſur l'inſolence d'un mauvais Riche;
Que la plus belle marque d'un cœur
genereux, eſt le détachement des
Richeſſes. Et qu'ainſi la Pauvreté, qui
eſt une choſe indifferente de ſa nature,
n'eſt pas une qualité deſtructive de
de la Nobleſſe Civile.

CHAPITRE. XVII.

Des conditions lucratives qui n'offensent point la Noblesse, & de celle d'Avocat.

COmme il y a de certaines conditions dans la vie civile qui repugnent entierement à la Dignité de la Noblesse, il y en a aussi d'autres, lesquelles bien loin d'estre des moyens de dérogeance, rendent ceux qui les exercent, en servant fidelement l'Estat ou le Public, dignes de recevoir la Noblesse.

C'est une chose qui est manifeste aux yeux du monde, que tous les Nobles ne sont pas égaux en biens de fortune : & que ne pouvant pas y avoir des emplois relevez pour un chacun, il y en a de mediocres, ausquels les nobles mesme peuvent s'occuper: & sans déroger à la Noblesse, en tirer quelques honnestes emolu-

K ij

mens ; Ainſi dans la Magiſtrature , en laquelle il y a divers degrez , les Juges Subalternes , Royaux & non Royaux , recoivent ſalaire de leur travail ; Ainſi dans les Sciences, les Lecteurs publics, les Docteurs Regens en Faculté de Droit Canon & Civil , & de Medecine ; ainſi les Profeſſeurs des Arts Liberaux ; ainſi les Avocats non poſtulans n'y exerceans Notariats & Tabellionnages, tirent des emolumés de leurs emplois, qui paſſent plûſtôt pour honoraire, que pour mercenaire recompenſe.

Aaron Alexandre Oliſarovv , Illuſtre Docteur Polonois , au Livre qu'il a écrit & intitulé: *De politica hominum ſocietate* , a mis en queſtion: Si la profeſſion d'Avocat ne dérogeoit point à la Nobleſſe , attendu le peril qui ſe peut rencontrer dans l'uſage de l'honoraire, & qui ſelon l'inclination des hommes , peut facilement degenerer en avarice.

Ce Docteur conclud avantageuſement pour l'honneur de la profeſſion des Avocats : & perſonne n'a jamais douté de ſon excellence ; & en effet il ne faut point de nouveau Panegyrique pour a maintenir : elle ſe ſoûtient aſſez d'elle - meſme , parce qu'elle eſt une condition libre & neceſſaire.

On ſçait toutefois aſſez , que dans les temps, il y a toûjours eu des gens qui ont declamé contre cette profeſſion , & ſur des pretextes qui pouvoient avoir quelque vray-ſemblance, les grands Emolumens qu'en tiróient quelques Avocats , ont bien eſté capables de leur attirer l'envie publique. L'Avarice, l'humeur inſupportable, & le défaut d'honneur d'aucuns d'entr'eux, ſouvent ont eſté le ſujet de la raillerie des anciens Eſcrivains. Il n'ya point eu d'Autheurs de Satyres & de Comedies , qui dans les occaſions, ne leurs ayent donné quelque coup de Plume.

La Nobleſſe à la verité , ſouffriroit beaucoup, ſi elle s'uniſſoit avec un genre d'hommes, leſquels (ainſi qu'il leur a esté reproché) inventent des moyens pour nourrir la haine, & pour fomenter les Procés : lesquels mesme s'enrichissent de la misere de ceux qui se mettent sous leur protection, que Ciceron appelle Vautours de Robbelongue : *Vultures paludati* ; & que Seneque traitte d'ames Venales : parce qu'ils mettent leur eloquence à prix d'argent. *O causidici venale genus.* S. Augustin fait une terrible description d'un mauvais Avocat, qui pour l'ordinaire soûtient des faits contraires à la verité ; Qui protege l'injustice contre sa conscience ; Qui abuse & trompe impudemment les Juges ; Qui opprime par ses subtilitez une cause juste ; & qui arrogamment triomphe de la Justice par des déguisemens criminels.

Ces deffauts attaquent plûtost la Noblesse de l'Ame, que la Noblesse Civile. Car ceux qui sont revestus de cellé-cy, ne paroissent pas exempts de beaucoup d'autres taches, qui ne sont que trop ordinaires à cét ordre,

Ils ne sçauroient toutefois s'exempter
de restitution : *Restituendum est alie-*Ibid.
num, quod in foro, ubi peccata puniun-
tur, decepto judice & circonventis legi-
bus obtinetur. Mais de quelque maniere que l'on considere cecy. Si l'on a
mesme tant invectivé contre les Avocats, ce n'est ny contre la profession
qui est toute Noble, ny contre ceux
qui estoient en reputation d'honnestes Gens. Car quelque florissantes
& quelques fecondes qu'ayent esté
Athenes & Rome, en excellens Orateurs & fameux Jurisconsultes, il y
avoit neantmoins dans ces Republiques de ce genre d'Avocats, qui par
leurs impertinences, par leur mauvaise Eloquence, & par leur effronte-
ries, se rendoient la risée publique, &
le sujet de tant de Satyres.

Car ce n'estoit ny à Demosthene ny
à Eschines, ny à Crassus, ny à Cesar,
ny à Ciceron, à qui les Pöetes s'a-
dressoient, leurs railleries auroient
esté mal assises, & n'auroient pas trouvé dans le monde le succés qu'elles y
ont eu.

Dans les Conditions que j'ay cy-
deffus alleguée avec lefquelles la
Nobleffe ne fouffre point d'alteration,
il y a le bon & le mauvais à ufage à cô-
fiderer : Et il faut certainement demeurer d'accord, dans le mauvais
ufage des chofes, que quelque relevé que foit l'employ d'un homme, fût-
il étably dans les plus hautes dignitez,
de Milice ou de Magiftrature, la
fordidité s'y rencontrant, elle rend
celuy qui ufe mal-à-propos de fon
authorité, indigne des prerogatives de
fes emplois : en forte neantmoins, que
fi en quelques unes de ces Conditions,
l'on épluches les fautes de ceux qui
s'y comportent mal : Il faut en même
temps faire honneur à la Vertu de
ceux qui y vivent Noblement. Ainfi
dans la Condition d'Avocat, fi l'on
met à part les gens fordides, & tout
ce qu'il y a de venal, & qui abufe de
cette profeffion : & que l'on confi-
dere ceux qui s'acquittent dignement
& en bonne confcience de leur devoir, & qui deffendent de toutes les

forces de leur esprit & selon la justice, l'interest de leurs Cliens : Y a-t-il
rien qui ait plus de rapport & qui
sympathise mieux avec la Noblesse,
soit de l'Ame, soit du Sang. Le mesme Pere de l'Eglise estime, que ceux-
cy peuvent tirer une honneste recompense de leurs travaux. *Non debet Iu-
dex vendere justum judicium , aut testis
verum testimonium ; & si liceat Advoca-
to vendere justum patrocinium & Iuris-
consulto rectum Consilium.* Il en rend la
raison : parce, dit-il, que le Juge exa-
mine le droit des deux parties , &
que l'Avocat & le Jurisconsulte donnent des moyens pour deffendre la
cause de l'une ou de l'autre : *Illi enim
inter utramque partem ad examina , isti
ex una parte Consistum.*

C'est un attentat à la Noblesse des
Advocats de les accuser d'estre les
autheurs des Procés. C'est une injure
que l'on leur fait sans raison. Car celuy
qui va consulter, a son dessein formé,
ou d'usurper, ou de retenir , ou d'entrer dans un bien, dont la proprieté

*Aug.
Ibid.*

est incertaine. La cause qu'il consulte
peut estre bonne : elle peut aussi estre
mauvaise : un Advocat donnant un
conseil juridique, doit il estre accusé
d'estre autheur d'un procés ?

Ce ne sont pas les Advocats, qui
sont la cause des procés : ils sont à
couvert de ce reproche. C'est, ou
l'avarice où l'igorance qui échauffent
pour l'ordinaire la bile des hommes,
& qui les rendent plaideurs. C'est
l'affection de retenir le bien d'autruy,
pluftost que l'amour de la Justice, &
que le desir que l'on a, qu'il soit
rendu à un chacun ce qui luy appartient, qui engage dans les procés.

L'homme n'a pas pensé à intenter
des procés quand il vivoit dans l'estat
d'innocence, mais quand il a commencé de connoistre le mal, &
d'ignorer le bien, il s'est embarassé
l'esprit de mil chimeres, qui ont
Eccl. 7. passé à ses descendans, & qui ont produit le mien & le tien, la guerre,
les procés & tous les desordres qui
les ont suivy : *Hoc solum modo inveni*

(dit l'Ecclesiaste) *quod fecerit Deus hominem rectum : & ipse se infinitis miscuerit quæstionibus :* C'est la maxime de Ciceron, que la seule ignorance est la cause des procés

Tout cela presuposé veritable, il faut encore conclure par un dernier argument demonstratif, que la condition d'Avocat n'est point derogeante à la Noblesse. Elle est un passage necessaire pour parvenir à la Magistrature, qui est un estat Noble par excellence, & qui méme donne la Noblesse à celuy qui en est revestu. Or est-il que si la condition d'Avocat, qui est l'Ecole & la Pepiniere des Magistrats estoit derogeante à Noblesse, la Magistrature seroit soüillée par un employ ignominieux, lequel cependant auroit esté necessaire aux Magistrats, & sur lequel ils auroient avec toutes les solemnitez accoûtumées presté serment de s'en dignement acquitter, avant que d'estre élevé à la Magistrature ; Mais par là au contraire, on découvre la Noblesse de la profession d'Avocat, & la neceſſité de cette fonction pour entrer dans les grandes Charges; d'où il s'en ſuit que la Magiſtrature eſtant Noble, la profeſſion d'Avocat n'y déroge nullement.

Les Procureurs des Chambres des Comtes pretendent s'eſtre tirez du bourbier de la Populace, & faire voir que la fonction de leur charge n'a rien de contraire à la Nobleſſe, ſe trouvant des Declarations des Roys en faveur de quelques particuliers : où ces Princes declarent que les Procureurs de leurs Chambres des Comtes, n'eſtant point poſtulans, & n'agiſſant que pour leurs affaires en la reddition des Comtes de leurs Officiers comtables, ils ſont payez de leurs vacations des deniers Royaux : & qu'ainſi, n'eſtant pas ſalariez par les Comtables, leur exercice eſt tout liberal, & par conſequence qu'il ne deroge point à la Nobleſſe. Il ſe trouve des Lettres Patentes données à ce ſujet, le 22. Octobre 1626., & en May 1647. par leſquelles, ſur les conſiderations

cy-deſſus mentionnées, les Roys Loüis
XIII. & Loüis XIIII. declarent
qu'un Procureur en la Chambre des
Comtes ne doit, à cauſe de cet em-
plóy, eſtre cenſé avoir derogé à Nobleſſe.

CHAPITRE XVIII.

Comment les Femmes perdent la Nobleſſe.

SI les Femmes acquierent facilement la Nobleſſe, il faut peu de
choſe auſſi pour les en faire déchoir,
la pluſpart des Politiques, d'autre
Nation que de la Françoiſe, tiennent
que les Femmes perdent leur Nobleſſe par une meſ-alliance : & que
tout ainſi que par une maxime univerſellement receuë, les Femmes
d'une naiſſance populaire épouſant
des Maris Nobles, deviennent Anno-
blies, de meſme les Femmes Nobles
qui s'allient avec des Roturiers, ſont
décheuës de leur Nobleſſe. D'autant

que se soûmettant sans contrainte &
tombant sous la puissance de Maris
Roturiers, elles ne peuvent estre re-
putées d'une estat plus relevé , que
celuy de ceux, desquels elles doivent
tirer tous leurs honneurs & toute
leur gloire : puisque le Mary est naturellement, & par la loy du Mariage,
la partie superieure & dominante en
cette societé. Et ainsi les Femmes
semblent avoir volontairement renon-
cé aux prerogatives de leur naissance.

Cette jurisprudence s'estend jusques
aux Femmes de la plus haute qualité.
Il faut toutefois excepter de cette
regle generale, celles qui sõt Princesses
de naissance, dont la qualité est inse-
parable de leur personne, encore que
leurs alliances ne soient pas toûjours
proportionnées à leur haute condition : & s'il y a de la bassesse dans
leur choix, elles n'en peuvent estre
punies que par leur propre honte.

Car pour revenir à ma proposition:
si par exemple la veufve d'un Prince
qui n'est pas Princesse de naissance,

celle d'un Duc & Pair, celle d'un Marefchal de France, ou d'un autre Officier de la Couronne, prend une feconde alliance moins confiderable en dignité que la premiere, elle eft privée des prerogatives, & du rang que luy donnoit fon premier Mariage, & elle fuit l'eftat de celuy qu'elle prend en feconde Nopce pour Mary. Il y en a eu plufieurs exemples en ce fiecle.

Mais, autre chofe eft de déchoir de fon rang par une moindre alliance, autre chofe de perdre l'eftat de fa naiffance : c'eft à dire fa Nobleffe perfonnelle. Car à l'égard du dernier, la maxime de la France eft plus benigne que dans les autres Eftats, & comme l'Efcriture Sainte l'enfeigne: la Femme eft liée à la loy de fon Mary, tant qu'il eft vivant ; & s'il vient à mourir, pour lors elle eft libre. De méme la Femme Noble, tant qu'elle eft fous la puiffance d'un Mary Roturier, elle porte la peine de fa mef-alliance ; Mais fi-toft que fon

Mary vient à deceder, elle rentre en
sa liberté, & elle reprend son premier
estat. Il y a un autre moyen de droit
favorable aux Femmes Nobles lesquelles se mes-allient, qui est qu'en
faveur des Mariages, on peut renoncer
au droit commun, & aux coûtumes.
Par cette raison, une Femme Noble
en faveur d'un Mariage, qu'elle con-
tracte avec un Roturier, peut bien
abandonner pour un temps un avantage que la Nature luy donne, sans
s'en d'époüiller entierement, & pour
jamais.

CHAP.

CHAPITRE XIX.

Contenant un discours de l'O-
rigine & de la Nature
des Fiefs.

PErsonne n'ignore, que les Fiefs
ne soient les veritables possessions
des Nobles : Et comme la Noblesse
n'est pas toûjours fort instruite de ses
droits, j'ay creu faire quelque chose
proportionné à ses inclinations &
à sa curiosité, & mesme à ses occupa-
tions Champestres, de luy découvrir
en peu de paroles l'origine, le progrez, & l'établissement des Fiefs.

Quoy que ce mot de Fief ait esté
inconnu aux Romains, & que mesme aujourd'huy il passe encore pour
barbare : toutefois l'usage familier
que nous en avons, nous doit porter
à en connoître l'origine & la nature.

On ne peut pas faire un honneur

L

plus infigne aux Fiefs, ny les puifer
dans une fource plus illuftre, que de
les faire efcouler du droit de Patronage des Romains , & du devoir des
Cliens envers leur Patrons.

Pour en faire icy mieux paroiftre
la reffemblance, il faut fçavoir, que
le droit de Patronage confiftoit en
une maniere de puiffance & d'autorité perfonnelle, dont fe réveftiffoient
les Praticiens, pour la protection de
quelques Familles Populaires defti-
tuées de biens de fortune, ou foibles
en leur condition : & que la marque
la plus glorieufe de cette dignité de
Patron, eftoit d'avoir plus grand nombre de Cliens , foit hereditaires , ou
acquis, non feulement dans la Ville
de Rome , & dans les Villes de l'ancienne dépendance de la Republique : mais encore fur des Colonies
entieres , & fur des Provinces con-
quifes par la force de leurs Armes.
Et les Patrons eftoient obligez d'honneur & de bonne foy , de faire du
bien à tous fes Cliens : fuivant la Loy

des XII. Tables , laquelle notoit le
Patron de quelque forte d'impieté, lors
qu'il y manquoit : *Patronus Clienti
fraudem si fecerit , Sacer esto.* Aussi les
devoirs des Cliens envers leurs Patrons , estoit de les secourir de leurs
moyens , dans les necessitez urgentes,
de les tirer de prison , & des mains de
leurs Ennemis, de procurer leur honneur , & de leurs rendre toutes sortes
de bons offices personnels.

Cette Origine pourra estre receuë
des uns & rejettée par d'autres, ceux
qui sont persuadez, que le droit de Patronnage n'attribüoit aucune Jurisdiction sur les Cliens, l'approuveront.
Et au contraire, comme il n'y est point
fait de mention du service en Guerre,
qui semble estre une condition essentielle aux Fiefs , & qu'il paroist
que ce sont plûtost des effets & des
fruits de la paix ; que mesme par cette mutüelle alliance , le Patronage
se tournoit souvent en domination , &
que les devoirs des Cliens degeneroient souvent en servitude, elle peut

L ij

estre rejettée par d'autres.

Je demeure d'accord que l'on peut prendre cette Origine comme une belle idée de l'établissement des Fiefs; Mais il faut luy en trouver une autre mieux appuyée & moins éloignée des temps, & qui en effet semble avoir plus d'affinité & plus de convenance à nos Fiefs que la precedente; puis qu'elle sera fondée sur la liberalité du Peuple Romain, & sur la magnificence des Empereurs. Ce qu'en écrit Valere Maxime, donne un grand poids à cette Origine : Cét Autheur vivoit du temps des Empereurs Auguste & Tybere; & en traittant de la liberalité en general, il parle de celle des Romains, & des recompenses qu'il donnoient aux Soldats, en cette maniere : *Asiam bello captam Attalo muneris loco tribuis (Pop. Rom.) eo exelsius & spetiosius urbi nostræ futurum Imperium credens, si Ditissimam atque amœnissimam partem orbis terrarum, in Beneficio, quam in fructu suo ponere maluisset.*

Il est aussi raconté dans les Commentaires de Cesar, qu'il donnoit aux vieux Soldats des Allobroges, de grands Emplois, & des Terres considerables prises sur les Gaulois, qui estoient des marques de sa magnificence. Suetone adjoûte que cét Empereur faisoit cette liberalité pour leur vie seulement.

Je voy de plus que c'estoit l'usage à Rome, sous le mesme nom de Liberalité, dans les Sciecles suivans. Alexandre Severe donnoit à ses Capitaines & Soldats des Frontieres de l'Empire, & des Terres conquises sur les Ennemis, à des conditions de servir à la Guerre, & de deffendre le Païs, eux & leurs heritiers : *sola quæ de hostibus capta sum limitaneis Ducibus & Militibus donavit, ita ut eorum essent si hæredes eorum militarent, dicens, attentius militaturos, si sua rura deffenderent.* Je voy aussi le mesme usage en la vie de l'Empereur Probus : où il est dit que Prince, bon en toutes manieres & en un lieu où la Foy Chrestienne

L iij

Lib. 3,
de Bell.
liv.

Cap.38.

Lam-
prid.
in Alex.

Vopiscus
in prob.

n'eſtoit pas encore receuë) diſtribua
les Terres du Païs d'Iſorie, aux vieux
Soldats : *Veteranis*, à condition que
leurs enfans iroient à la Guerre dés
l'âge de dix-huit ans; il en ajoûte la
raiſon ; afin, dit-il, qu'ils apprennent
plûtoſt le Meſtier de la Guerre, que
celuy de Picoreurs de Campagne :
Ne prius latrocinari quam militare diſ-
cerent. Ce Paſſage eſt fort conſiderable,
& l'obligation d'envoyer de bonne
heure les Enfans à la Guerre, ſemble
deſigner ce qui depuis s'eſt pratiqué
par les François pendant pluſieurs
Siecles, que les Vaſſaux eſtoient obligez d'aſſiſter leurs Seigneurs à la Guerre. Caſaubon interprétant la penſée
de cét Autheur, dit, que la liberalité
de l'Empereur envers les Soldats,
n'eſtoit pas proprement ce que nous
appellons Fief, mais le commencement informe d'un droit, qui s'eſt
avec le temps diverſement introduit
dans les Pays circonvoiſins. Pompo-
nius Lætus, en la vie du grand Conſ-
tantin, témoigne aſſez que l'ancien-

né coûtume des Romains, de donner aux Capitaines , aux Tribuns , &
aux autres Officiers de Guerre, qui
avoient blanchy sous les Armes des
Maisons & des Terres , que l'on appelloit *Parochiæ*, pour subsister hon-
norablement pendant leur vie , fût
changée par Edit de cet Empereur ;
qui leur donna en proprieté pour passer d'eux à leurs descendans , & à leurs
heritiers.

Ce n'estoit pas une prerogative
particuliere attachée à la souveraineté
du Peuple Romain, ou des Empereurs.
Les Generaux qui commandoient
leurs Armées , ausquels demeuroit le
Champ de Bataille , faisoient la mesme chose , & distribüoient les Terres de leurs Conquestes à leurs Officiers Subalternes & aux Soldats.

Ce n'est pas aussi la pensée de la
plus grande partie des Jurisconsultes
des bas Siecles, ny mesme une chose
qu'il faille tenir pour constante, puis
qu'elle est sans fondement, que les
Fiefs en France soient des effets de

la liberalité, ou de la foiblesse des Roys
de la Lignée de Charlemagne, il est encore moins asseuré que l'usage & la dis-
position en ayent esté empruntez des
Lombards , encore que Charles du
Moulin ait esté de ce sentiment, lors
qu'il en a traitté en homme de Palais,
& non en Historien : *Feuda* , dit-il,
non reguntur jure Communi Romano , cui
prorsus fuerunt in cognita , sed proprio
seu peculiari jure & consuetudine ad ter-
ram Francorum & Longobardorum orta
qui in insubria 204. annis regnaverunt.
Mais sans prendre le secours des Lombards, il y a bien plus de fondement
à tirer leur origine des Coustumes des
François sortis d'Allemagne , qui s'é-
tant rendus les Maistres des Gaules ,
confisquerent toutes les Terres des
Gaulois, & les incorporerent à l'Estat :
puis les distribüerent aux Gens de
Guerre selon leur qualité, & par maniere de recompense ou de Benefice ;
à la charge de les tenir *ad arbitrium*
principis pendant qu'ils serviroient
fidelement , & qu'ils assisteroient le

Paul.
Diac.
lib. 4.
& 6.

Prince en ses Guerres. Il semble que
cét Origine soit plus naturelle : Et
ainsi l'on peut dire justement, que la
Guerre a enfanté les Fiefs.

Ce n'est pas une question difficile à
resoudre que l'etymologie du mot de
Fief. Elle est toute Latine : *A fide*, ou
bien *à fædere*, l'une & l'autre me semblent d'une Analogie assez juste, en
ce que le Fief est donné par Convention faite entre le Seigneur & le Vassal, & les principales conditions de ce
Pacte, sont la Foy & l'Hommage : La
premiere de ces Etymologies est d'O-
bert du Jardin, celebre Jurisconsulte:
& l'autre de Monsieur Cujas, de qui
les maximes passent pour loix, tant
au Barreau que dans les Universitez.
Et il faut demeurer d'accord, que
quoy que l'usage des Fiefs fût effecti-
vement pratiqué en France, sous les
Roys de la premiere Race : Il semble
toutefois que ce soient les Lombars,
qui en ayent avant aucun autre redigé
la coûtume par écrit. Car ce qui se
pratiquoit en France, estoit que les

Roys des deux premieres Lignées donnoient aux grands Seigneurs du Royaume, que l'on appelloit Barons ou Capitaines, leurs Terres en Benefice (Terme sans doute emprunté des Romains) à l'un une Province à Titre de Duché, à l'autre une Ville à Titre de Comté, à l'autre une Frontiere à Titre de Marquizat, à l'autre une Bourgade à Titre de Baronnie ou de Vicomté, & à l'autre une Maison fortifiée ou à fortifier à Titre de Chastellenie ; & pour lors tous ces Titres honorables n'estoient point Seigneuries propres, & attachées aux Familles : mais seulement Offices à vie, appellez Dignitez Royales : *Feuda Dignitatum*, dont les Possesseurs à leur investiture portoient la Foy, & rendoient l'Hommage au Roy, à cause de sa Couronne.

Nous en voyons un exemple, autant illustre qu'il est ancien, & qu'il côcerne un Favory du Roy Clovis ; Aimoïnus en fait mention, & dit : que ce mesme Roy donna le Chasteau de Melun en Duché : *Iure Beneficij*, c'est

à dire en Fiefs, à Aurelian son Seneschal.

Depuis dans les Conciles & dans
les anciennes Loix de France, & en
suite dans les Capitulaires de nos
Roys de la seconde Lignée, il n'y a
rien de plus ordinaire que les gra-
tifications de ces Princes à leurs Courtisans, sous le Titre de Benefice; &
ces mesmes Courtisans qui les acceptoient sous le nom de Vassaux, de
Seigneurs, de fideles, d'hommes
du Roy, ou d'autres noms que la Langue Françoise n'exprime pas heureu-
sement, font mesme personnages que
ceux qui sont appellez dans les Capitulaires, & dans les anciens Monumens: Casati, Guastaldi; ces termes,
selon les Lieux, ont eu diverses signi-
fications.

Pepin & Charlemagne, ne donnerent pas les Terres en Benefice à
autre condition & autre titre, que leurs
Predecesseurs; Et le mot de Fief ne
vint en usage, que sous le Regne de
Charles le Gros, & s'authorisa sous

celuy de Charles le Simple. Ce n'est pas que la coûtume de porter la Foy & de rendre l'Hommage, ne fût déja introduite ; & cela se voit dans les anciennes Formules & dans les Capitulaires de nos Roys. Ainsi, il n'en faut pas attribüer la cause aux mutations frequentes des Vassaux, qui ne tenoient leurs Fiefs que pour leur vie, ou pour un temps : c'est à dire, ainsi que j'ay dit cy-dessus, tant qu'ils serviroient fidelement. Car le Vassal qui manquoit à son devoir, ou qui demeuroit dans l'oisiveté, estoit privé de son Benefice & de son Fief.

En l'établissement des Fiefs, sous ce nom, c'étoit la coûtume d'Allemagne, d'Italie & de France, de les donner à vie. Ce qui est marqué en la Glose sur le Traitté des Fiefs, fait voir que c'étoit la maxime du temps, que l'usufruit du Fief finissoit avec la vie de celuy qui l'avoit obtenu : *Feudum finitur cum persona accipientis quia hæres in eo non succedit, nisi iterum ab Imperatore investiatur.* Gerard le

Noir, Autheur des Coustumes des Fiefs, fait cette observation, & dit: *Tit. ad finem Codius.* que dans les temps que les Fiefs ont commencé d'estre mis en usage, ils estoient tellement dans la dépendance des Seigneurs, qu'ils les donnoient & qu'ils les ostoient à volonté, & que mesme ils en faisoient Bail pour un, pour deux, ou pour trois ans. Et quoy qu'il en ait été, c'étoit au moins la Coûtume d'Italie & d'Allemagne, si ce n'étoit celle de France. Car pour la France il auroit fallu du moins excepter de cete loy generale les grandes Pairies, dont les Dignitez, Offices ou Benefices, passoient à la posterité. Loüis le Debonnaire donna en Fief à perpetuité la Comté de Barcelonne, & celle de Roussillon, avec la Principauté de Cerdaigne à Griffon, Seigneur considerable, à condition de deffendre le Païs contre les incursions des Maures, son fils Miron luy succeda. Paul Emile rapporte en son Histoire de France, que Clotaire I I. pour se rendre les Bourguignons fa- *Luc. Marin, dereb. Hesp. Lib. 9. Franci. Tarass. de Regib. Hisp.*

vorables., crea en la Province de Bourgongne, des Duchez & des Comtez irrevocables & hereditaires, dans les Familles.

Sous la troisiéme Race de nos Roys, Hugues Capet, qui en a esté le Chef Auguste, pour des considerations politiques, perpetua les Fiefs dans les Maisons, & ce qui n'estoit auparavant donné qu'à vie, devint propre & patrimonial.

Ce fut sous le Regne de ce mesme Roy, que les Offices de la Couronne devinrent hereditaires. Celle de grand Seneschal fut donnée par le Roy Robert à Geoffroy Grizegenelle, Comte d'Anjou, en consideration des grands services qu'il luy avoit rendus, contre Othon III. Roy d'Allemamagne, & contre les rebellions des Comtes de Champagne & du Maine, pour la tenir hereditairement par luy, & par ses successeurs. Ce Geoffroy mourut l'an 1010. sans Enfans mâles, du vivant du Roy Robert. On ne sçait pas comment ce mesme Roy disposa

de la Charge de grand Seneschal.
Mais le Roy Henry qui luy succeda,
n'en usa pas selon l'intention du Roy
son Pere ; car il la donna à Guillaume de Gomets Sire de la Ferté. Ce ne
fut pas sans opposition de la part des
Comtes d'Anjou successeurs de Geoffroy, lesquels toutesfois comme ils
n'estoient pas de la droite ligne de
Geoffroy, laisserent la charge à la dis-
position du Roy, avec cette condition,
que ceux qui en seroient pourveus, la
tiendroient en Foy & Hommage des
Comtes d'Anjou, & à autres charges
rapportées par Hugues de Cleriis, Che- *Sirmod.*
ad Gof-
fr. vind.
valier Angevin, qui a laissé cette con-
noissance à la posterité.

L'Office de grand Chambellan a esté
fort long-temps hereditaire dans l'ancienne Maison de Nemours, si bien
mesme que quelques-uns des descendans de cette Maison en ont porté le
surnom, qui a passé dans une longue
posterité ; il en fut de mesme de l'Office de Grand Bouteiller, lequel fut
comme hereditaire dans la Maison de

Senlis, & ceux qui en sont sortis en ont retenu le Nom, qu'ils ont joint à celuy de Senlis, jusqu'au temps preſent.

Par les Monumens anciens, il paroiſt qu'il y avoit des Fiefs de trois eſpeces differentes. Ceux de la premiere eſtoient les Fiefs de Dignité, donnez aux Capitaines du Roy: *Ad Vaſſos Dominicos*, comme ſont les Duchez, les Comtez, & les Marquizats. Ceux de la ſeconde eſpece, eſtoient les Fiefs moyens, qui n'eſtoient pas tenus immediatement du Roy: Mais qui étoient donnez par les Capitaines, par les Ducs, par les Marquis, & par les Comtes, pour ſe faire des creatures de l'excedant de leurs Domaines, & ceux qui les recevoient eſtoient appellez: *Minores Vaſſi*: comme Arriere-Vaſſaux du Roy.

Les Fiefs de ces deux premieres eſpeces, ſont ceux qui ſont reputez par les Feudiſtes inviſibles qui neantmoins n'ont pas laiſſé quelquefois de ſe partager, ainſi que l'on le reconnoiſt

noiſt par l'Ordonnance de Philippes
Auguſte de l'an 1209.

Les Fiefs de la troiſiéme & derniere eſpece, étoient ceux qui ſe bail-
loient par les moindres Vaſſaux aux
Soldats; Ceux-cy s'appelloient Fiefs
Militaires, qui pouvoient ſe diviſer &
eſtre partagez ſelon les Couſtumes
des lieux.

Cela preſuppoſé, que les Ducs, les
Comtes & les Marquis, ſur l'exemple
des Roys, euſſent eſtably de moindre Vaſſaux ſous les titres de Baron,
de Vicomte & de Chaſtelain, & que
ce fuſt à la charge de certains ſervices & preſtations à faire par ceux
qui en eſtoient inveſtis; de meſme à
leur imitation, les Archeveſques, les
Eveſques, les Abbez, les Doyens,
les Prevoſts & leurs Colleges, donnoient des Terres en Fief, & s'éta-
bliſſoient des Vaſſaux aux meſmes
conditions, aux meſmes charges, &
aux meſmes preſtations de ſervice.

Ces Fiefs moyens & Militaires

mouvans, tant des Capitaines du Roy que des Prelats & des Barons, & autres, furent dénommez chacun par ses Enseignes, Boucliers, Equipages militaires, & ornemens exterieurs, que doivent porter les Vassaux en Guerre. Les uns s'appelloient Fief d'Hauberg, parce que ceux qui en étoient investis, & que l'on appelloit Hautsbergs, devoient servir à la Guerre avec le Haubergeon, qui proprement est une Cotte de maille. Les autres étoient Fiefs de simple Escuyer, ainsi nommez, parce que celuy qui en estoit le possesseur, alloit à la Guerre l'Escu sur le bras gauche.

Le Fief Banneret estoit quelque chose de plus considerable, que celuy d'Hauberg & d'Escuyer, mesme que celuy des Barons, Vicomtes & Chastelins. Il estoit appellé Fief Banneret, parce que celuy qui le possedoit, étoit un Chevalier qui devoit aller à la Guerre, accompagné de vingt-cinq hommes d'Armes sous sa Banniere, & ceux de cette sorte, estoient les plus relevez apres les Fiefs Royaux.

Il y a deux Formules fort singulieres observées par les Autheurs, qui ont traité des Fiefs, l'une pour creer un Chevalier Banneret , l'autre pour remettre un Banneret en ses droits Feodaux. Elles sõt tirées l'une & l'autre des Memoires d'Olivier de la Marche, sous l'an 1452. La derniere est plus precise. Je les ay rapportées au long cy-dessus, & en leur propres termes.

Le Fief Banneret aussi ne fut jamais un Fief Royal ; c'est à dire, mouvant immediatement du Roy. Et s'il étoit nommé du nom de Banneret, c'est plûtost parce qu'il étoit possedé par un Chevalier de moyen suffisant pour lever Banniere, que par aucune autre marque de Grandeur; Car nous voyons au Catalogue des Bannerets du Roy Philippes Auguste, en l'an 1212. plusieurs de la Province de Paris, d'Orleans, du Gastinois & du Vexin, & autres qui estoient Vassaux non seulement du Roy, mais encore des grands Seigneurs & des Evesques.

Archambault Sire de Sully, Eudes de Sully son frere, Henry de Sully son fils aisné & Hugues le Bouteiller, estoient Vassaux de l'Evesque d'Orleans, & compris dans le mesme Catalogue. Le Seigneur de la Ferté Hubert, qui portoit ce nom, estoit Vassal du Comte de Blois. Geldoüin Sire de Beauvillier, fils d'un autre Geldoüin, Sire de Beauvillier, Chef & Estoc de l'Illustre Maison des Ducs de S. Aignan, & Guillaume de Prunelé, l'estoient du Seigneur du Puiset; Il en estoit de mesme d'Adam de Chailly, & de Barthelmy de Garlande, Bannerets du Baillage & Vassaux de la Chastellenie de Melun; de Robert de Milly, Banneret de la Chastelenie de Corbeil; de Jean d'Orleans, & de Manasses, de Garlande Bannerets de celle d'Estampes, de Philipes Vicomte de Fessart, d'Hugues de Courtenay, & du Sire d'Egreville, Bannerets de Chasteau Landon, tous lesquels estoient Vassaux de differens Seigneurs, tant

Ecclefiaftiques que Seculiers.

Ces trois fortes de Vaſſaux n'eſtoient
pas ſeuls qui deuſſent au Roy l'aſſi-
ſtance à la Guerre. Ceux qui tenoient
de luy des dignitez Ecclefiaftiques,
en Benefice ou en Fief , comme
Eveſchez , Abbayes, Doyennez d'E-
gliſe , Prevôtez , Treſoreries Royales,
luy en portoient la foy à cauſe de
leur temporel , & eſtoient pareillement tenus ſelon la couſtume. des
Siecles paſſez, de l'aſſiſter en Guerre.
Les Capitulaires de nos Roys font
mention, que cela anciennement ſe
pratiquoit de la ſorte : & nous voyons
la meſme choſe en uſage dans le
treiziéme Siecle , par l'Hiſtoire de ce
fameux different, qui fut entre le
Roy Philippes Auguſte , & les Eveſques d'Orleans & d'Auxerre, Guillaume & Manaſſes de Signelay , freres :
Et tout ainſi que ces Seigneurs Eccle-
ſiaftiques tenoient le temporel de
leur dignité , en foy & hommage du
Roy , de meſme les dignitez &
perſonnats d'Egliſe Catedrales, Colle-

M iij

gialles & Monasteres, tenoient leurs
Benefices d'eux aux mesmes prestations : de quoy nous avons un exemple authentique rapporté par du Ches-
Tom.4. ne , dans l'Epître de Berthelemy,
Ep.316. Doyen de S.Martin de Tours, au Roy
Loüis le Jeune, concernant la Prevô-
té de Chably tenuë en Fief de son
Doyenné , & plusieurs autres dans le
Livre des Fiefs de l'Evesché d'Orleans , & dans les anciennes Chartes de l'Eglise de saint Aignan de la
mesme Ville , concernantes les Dignitez & Personats des Eglises de
sainte Croix & de saint Aignan.

Je remarqueray à l'occasion de cecy,
que de la Dignité de Sous-Doyen
en l'Eglise de sainte Croix d'Orleans,
dépend un Fief scis au Val de la Cha-
pelle-saint-Mesmin, dit vulgairement
le Vau-Soudun ; dans les anciens Titres, ce Fief est appellé *Feudum Ma-*
nutergii. Et comme c'est le devoir particulier du Sous-Doyen de presenter la
serviette à l'Evesque lors qu'il Officie
Pontificalement, il y a apparence que

c'eſt la principale condition du don
qui a eſté fait aux Sous-Doyens par
les anciens Eveſques. Et pour cela, le
Sous-Doyen eſt dit dans le livre ſus-
allegué, *Homo Epiſcopi.*

Il y avoit encore un degré de
Vaſſaux inferieurs à ceux-cy, qui
eſtoient inveſtis de leurs Fiefs par les
moindres Vaſſaux, & qui ne poſſe-
doient pas en pleine proprieté leur
Fief : lequel leur pouvoit eſtre oſté
par le Seigneur Suzerain, lors qu'il
trouvoit ſon Fief ouvert. Les Feudiſtes
appelloient ces ſortes de Vaſſaux, *Va-*
luaſsini & miniſteriales ; Ceux-cy n'é-
toient pas reputez Nobles, & ne tenoient pas ligement ny du Prince ny
des grands Vaſſaux: *Non ſunt juſti mili-* Gloſſ. in
tes ſive Nobiles, niſi qui à principe, Duce, Lib. 2.
Comite, vel Marchione de Feudo inve- de Feud
ſtiti ſunt. Si ce n'eſt qu'ils euſſent eſté Tit. 10.
depuis une longue ſuite d'années, re-
veſtus de leurs Fiefs, & qu'ils euſſent
par un long eſpace de temps ſervy le Lib. 2.
Prince ou les Seigneurs, & ſupporté de
Feud. in
la fatigue & la dépenſe de la Guerre. præfat.

Et c'est justement ce que veut dire
Albert Krantzius : qu'enfin à la longue, ces sortes de Vassaux ont usurpé la Noblesse.

Il y avoit en la Province d'Orleans,
dans le dix& dans l'onziéme Siecle, cer
tains Vassaux du Vicomte Alberic, du
Seigneur de Sully , & du Seigneur de
Baugency , mesme du Roy appellez
Ministeriales, distinguez de ceux que
l'on appelloit *servientes* , ainsi que je
l'ay recueilly de quelques Chartes
anciennes , tirées du Cartulaire de S.
Mesmin, dont l'une est du Roy Robert, dattée de l'an que les Heretiques
furent bruslez à Orleans , l'autre est
du Roy Philippes I. de l'an 1075.

Il reste une derniere espece de Vassaux , qui ne tenoient pas des Fiefs,
quoy qu'ils allassent avec les Seigneurs
à la Guerre. On les appelloit Soldiers,
Solidarii , parce qu'ils recevoient un
payement , qui s'appelloit solde; & en
cela ils estoient bien differens de ceux
qui possedoient des Fiefs, veu que
ceux-cy se mettoient en équipage à

leur dépens, & sans solde, pour accompagner leur Seigneur en Guerre: Et ceux-là au contraire, estoient payez de leur service.

Cette derniere sorte de Vassaux est ce que l'on a depuis appellé *Servientes* à la difference de ceux qui estoient designez par le mot de *Valvassini & Ministeriales*, & ce mot de *Servient.s* étoit la mesme chose que ce que depuis l'on a appellé Sergens, à pied ou à cheval Les uns & les autres n'étoient pas Gentils-hommes: bien loin de cela, on les appelloit Routiers, *Rutarii*, & leurs Compagnies Routes de Sergens. C'est mesme apparemment, d'où est venu le mot de Roturier.

Il y a plus, j'ay veu dans quelques anciens Titres de l'Eglise de saint Aignan, des Baux en Fief faits à des hommes serfs, qui estoient des gens de la plus basse condition. Et entre ceux-cy, il y en a un de l'an 1221. par lequel la Terre de Domecy, size en la Paroisse de Sougy, au Territoire d'Orleans, & de la dépendance de la Chaſtellenie d'Arthenay, qui eſt un Domaine de la meſme Egliſe de S. Aignan, eſt donnée en Fief à Baudoüin, Maire de Tillay, homme de Corps de cette meſme Egliſe : *In liberum Feudum, per ſervitium unius hominis ad conſuetudines patriæ.* Ces Vaſſaux eſtoient apparemment du nombre de ceux que l'on appelloit *Vaſſalli Miniſteriales*, & depuis, Vaſſaux du Maiſtre-Autel. Dans la ſuitte des temps, les Terres ont eſté poſſedées par des Gentils-hommes, & par des Gens de conſideration.

Avant le Regne de Philippes Auguſte, tous les Fiefs generalement eſtoient poſſedez en pleine proprieté par perſonnes Nobles : & il n'étoit pas loiſible à un Roturier d'en tenir ſans la permiſſion du Roy ; parce que la choſe doit ſuivre la condition de celuy qui la poſſede. Et ſi cela s'eſt quelquesfois toleré au contraire, c'a eſté une neceſſité extréme dans l'état de la Nobleſſe, pour laquelle nos

Roys ont difpensé de la rigueur des
Loix; mais c'a toûjours efté un abus ;
car à vray-dire, cela n'a jamais efté
authorisé par les Ordonnances.

Il ne faut point aller chercher plus
loin, l'origine de ces difpenfes, que
dans les Ruïnes de la plufpart de la
Noblesse, par les Guerres Eftrange-
res, & mefme celles d'Outremer. Et
celles des Anglois ont duré un fi long
efpace de temps que la Noblesse ac-
cablée de debtes, fut contrainte de
demembrer fes Terres, & de vendre
fes Fiefs, ou pour fatisfaire à fes
Creanciers, ou pour fe redimer de
prifon : & ne trouvant pas d'achep-
teurs autres que des Roturiers, eftoit
contrainte de leur abandonner à vil
prix.

Nonobftant cette neceffité, nos
Roys ont toûjours effayé de reme-
dier à cét abus, par des Declarations
qu'ils faifoient au profit de la Coûrône,
exigeant certaine fommes de deniers
par maniere de finance des perfonnes
Roturieres, pour les avoir laiffé paifi-

blement joüir d'Heritages Nobles contre la loy du Royaume.

Il ne faut pas douter que Hugues Capet, qui, comme nous avons dit, rendit les Fiefs patrimoniaux & hereditaires dans les Familles, n'ait fait aussi des Ordonnances generales pour ceux qui les devoient posseder. Mais l'usage si peu conforme entre les Provinces touchant les Fiefs, fait voir qu'il leur laissa la liberté d'y adjoûter ou diminuer, selon qu'il seroit trouvé expedient pour le bien de ses Sujets.

C'est de-là que sont venus nos coûtumes & nos usages particuliers, lesquels ont prescrit en chaque Païs la loy des Fiefs Une Province a esté plus rigoureuse, une autre plus equitable. Quoy qu'il en soit, elles ont disposé du devoir des Vassaux envers les Seigneurs, des partages dans les familles, & d'autres choses concernantes les Fiefs, ainsi qu'elles ont trouvé estre avantageux au Public.

On sçait assez que le premier Bail

en Fief qui ait esté remarqué par les Autheurs qui ont écrit sur cette matiere, est la donation que fit le Roy Philippes I. à l'Abbaye de saint Mellon de Pontoise, aujourd'huy Eglise Collegiale, en faveur de Guillaume Archevesque de Roüen, qui pour lors en estoit Abbé, par sa Charte de l'an 1091. aux conditions de l'Hommage, & de se trouver auprés de sa Personne, lors qu'il assembleroit son Parlement.

Le Roy Philippes Auguste donna à quelques Gentils-hommes pour recompense de services, des Terres en Fief, aux charges du devoir Feodal envers luy, suivant la Coustume des Provinces. Il donna à Herbert Turpin Chevalier, Puisné de la Maison de Crissay, la Terre & Seigneurie du Jard, prés Baugy, pour la tenir de luy en Fief, selon la Coustume d'Anjou. Il en donna un autre à Robert d'Orleans, qui estoit un Gentil-homme considerable pour ses fideles services, dans la Coustume de

Touraine. Et à Thibaut de Chartres Chevalier, la Terre qui avoit autrefois appartenu au Connestable d'Angleterre du nom de Ceistre, pour la tenir en Fief de sa Majesté, selon la Coustume de Normandie.

Au temps que les Fiefs estoient liberalement donnez par les Roys, il est constant qu'il n'estoit deu aucune prestation par ceux qui les acceptoient, que celle de fidel té & du service en Guerre; autrement ils n'auroient plus tenu lieu de Benefice aux Vassaux qui les auroient possedez à titre onereux, il ne leur estoit pas aussi permis de les vendre, ils en jouissoient comme d'un dépost, dont ils n'avoient que la garde & l'usufruit.

Dans les derniers Siecles, les Fiefs n'ont pas changé de nature de ce qu'ils estoient en leur établissement, ceux qui les possedent en jouissent comme d'un bien d'autruy, sur lequel ils ont un droit considerable: & mesme ils en ont la proprieté, à condition de la Foy & de l'Hommage

envers ceux qui le donnent; à condition aussi d'assister à la Guerre, de
leur fournir un Cheval de service, ou
pour cela leur payer certaines som-
mes en argent, specifiées dans les
actes de donations & de Baux en Fief,
ou reglées par les Coustumes locales.

Les Censives ont une grande affinité avec les Fiefs, & mesme elles ne
peuvent estre sans Fief. La source &
la primitive origine du Censif, est un
Heritage Feodal baillé à Cens par celuy qui en est Seigneur foncier: & ce
mesme Heritage est sujet à la Justice,
que les Coustumes appellent Fon-
cieres.

On ne doute pas que la Seigneurie
directe d'une Terre censuelle ne soit
Noble, encore que le fond tenu à
Cens soit Roturier. Car quoy qu'ori-
ginairement il soit Feodal, par le Bail
à Cens, il change de nature, & devient Roturier, & se partage Rotu-
rierement. Il y a aussi plusieurs especes de Cens : Il est tombé en mes
mains quelques Titres & anciens

Roolles de Cenfives remplis de pre-
ftations fingulieres , mefme d Extra-
vagantes , dont les Cartulaires & les
anciennes Couftumes manufcrites font
foy.

Quant à la maniere de partager les
Terres Nobles & les Fiefs , foit en ligne droite ou en ligne collaterale , elle
eft differente felon la diverfité des
Couftumes: ainfi que l'évaluation des
Rachats , des Quints deniers , & des
Requints dûs aux mutations. Ce qui
fait que je ne m'y arrefteray pas , &
que je pafferay à un fujet plus relevé,
qui eft celuy de la Foy & de l'Hommage.

CHAPITRE XX.

De la Foy & de l'Hom-
mage.

DAns l'usage ordinaire de por-
ter la Foy & de rendre l'Hom-
mage aux Seigneurs ausquels il est dû :
Il semble que sous de differens noms
d'Hommage & de Foy, ces soûmis-
sions soient une mesme chose. Neant-
moins les Feudistes y ont trouvé une
difference notable, en ce qu'ils ont
crû que l'Hommage se pouvoit ren-
dre par le Vassal sans faire serment au
Seigneur, & que la Foy ne se faisoit
jamais, sans serment de fidelité & de
service.

Il est vray qu'en plusieurs endroits
de l'Histoire, il paroist qu'ancienne-
ment c'étoient deux choses separées.
Dans le privilege que le Roy Loüis
Jeune accorda à Geoffroy Archevef-
que de Bordeaux, & aux Prelats de

N

Guyenne, pour les elections des Evesques & des Abbez dont le Prince leur
laissoit la liberté, il se reserva la Foy &
l'Hommage, comme étant des choses
qui n'ont rien de commun l'une avec
l'autre, *absque hominii, & juramenti
seu fidei per manum data obligatione.* Ce
privilege est de l'an 1136. du Regne de
Loüis.

Math.
Paris.

L'an 1257. lors que les Deputez des
Allemans passerent en Angleterre
pour porter la nouvelle au Comte
Richard frere du Roy Henry III. de
ce qu'il avoit esté éleu Roy d'Allemagne, ils luy firent l'Hommage, &
la Foy lige d'abondant : *Et ne suspe-
ɧi haberentur, hommagium sub districto*

Radevis
lib. 1. c.
2.
fecerunt juramento.

Il n'y a rien de plus commun que
la formule du serment de fidelité, que
les Evesques, les Comtes & les Marquis d'Italie, offrirent à l'Empereur
Federic Barberousse, sans Hommage,

Catel.
hist. des
du temps du Pape Adrien. IV.

Comtes
de Thol.
En l'an 1236. le Roy Jacques d'Ar-
ragon, comme heritier de Marie de

Montpellier sa Mere, reconnut tenir
de l'Evesque de Maguelonne, la
Ville de Montpellier en Hommage
& à Serment de Fidelité.

Cette distinctoin de la Foy & de
l'Hommage se voit en l'Histoire de
Dannemark sous l'année 1460. où
il est remarqué, que Chrestien I. ayant
esté éleu Roy, & visitant ses Estats se
rendit à Hambourg, où les Bourgeois
luy firent Hommage, & serment de
fidelité : *de Hommagio quidem nulla
mora, sed de præstando juramento fit
dubitatio.*

Je veux avec tous les Historiens &
les Jurisconsultes d'Italie, & mesme
avec tous les Feüdistes que la Foy &
l'Hommage soient deux choses separées, que les formes de les rendre
soient toutes differentes : neantmoins
par le juste examen de la Foy & de
l'Hommage, l'on trouvera que se
font deux sujets qui sont tellement
unis, qu'ils ne se peuvent separer, &
que l'on ne peut manquer à l'un sans
blesser l'autre en quelque façon ; Car

N ij

il faut mettre à part l'Hommage que
les grands Monarques reçoivent des
Princes leurs Alliez, qui ne sont pas
leurs Sujets, & qui toutesfois sont
sous leur protection. Les Histoires
sont remplies de ces sortes d'Hommages. L'Empereur Neron receut à
Rome l'Hommage de Tiridate Roy
d'Armenie : Tiridate se jetta aux genoux de l'Empereur, l'Empereur le re-
léva, & luy mist le Diadesme sur la
teste. Voyons donc ce que c'est que
l'Hommage dont il est icy question,
& à qui il est deu.

Il n'y a point de doute, que tout
Hommage ne soit une action respe-
ctueuse, du moindre au plus grand, que
toutes les Puissances qui sont établies
de Dieu, ne luy soient par un pacte
tacite redevables, de ce qu'elles sont
au dessus des autres : que tous les
peuples en general, & tous les hommes en particulier ne soient ses creatures : & que les uns & les autres,
par une justice naturelle, ne luy doivent l'Hommage. Mais ce n'est point
de cette sorte d'Hommage que nous

Suet. in
Nerone.

entendons parler. C'est d'un Hommage que le droit Civil a introduit,
& que les Estats ont autorisé : C'est
un Hommage qui met la subordination entre les hommes, qui fait que
ceux qui ont droit de commander
commandent avec autorité, & que
ceux qui sont nais pour obeïr, obeïs-
sent volontairement.

L'Hommage donc, duquel je pre-
tens icy expliquer la nature, est un
acte de respect & de soumission, joint
à de certaines solemnitez, qui proce-
dent d'une convention mutuelle, par
laquelle le Seigneur doit protection
à son Vassal, & reciproquement le
Vassal doit fidelité à son Seigneur, &
consequemment l'Hommage : &
pour cela, le Vassal est dit l'Homme
de son Seigneur.

Ce mot d'Hommage s'exprimoit
dans les anciennes Chartes Latines,
& sur les Medailles des Monarques,
par celuy de *Clientela* (terme emprunté des Romains, & duquel j'ay parlé
cy-dessus) dont mesme se servent la

pluſpart des Juriſconſultes.

Cét Hommage eſt dû non-ſeule-
ment aux Roys & aux Princes Souverains par leurs Sujets , à cauſe de
leurs Dignitez; mais encore aux Seigneurs de Fief, à commencer depuis
ceux de la premiere condition: *ab iis
feod's quæ proxime deſcendunt à principe*, juſques à ceux du plus bas eſtage.

L'Hommage communément ſe
rend par le Vaſſal, la teſte nuë, le
genoüil en terre, ſans gands, ſans
eſpée, & ſans eſperons : qui ſont
ſymboles de ſoumiſſion, & non de
ſervitude : & ordinairement en propre perſonne : ſi ce n'eſt que le Vaſſal ſoit excuſé, pour eſtre actuellement à la Guerre, ou priſonnier, ou
en mer, ou malade.

Ce meſme Hommage ſe diſtingue
en deux eſpeces : en Hommage
ſimple & en hommage lige. Celuy-cy
naiſt d'un pacte particulier entre le
Seigneur & le Vaſſal, & neantmoins
eſt conſideré par les Juriſconſultes &
Coûtumiſtes en tant de manieres,

qu'encore que leur avis ne puisse
changer la nature du Fief, toutefois
la diversité d'opinions, embarassé tellement la matiere, qu'il est tres-diffi-
cile de la démèler, & de plus, dans le
Siecle où nous vivons, il semble que
ce soit une curiosité superfluë, & un
effort inutil de pretendre penetrer
dans la juste difference qui est entre
l'Hommage lige & l'Hommage simple : Veu mesme que les services reels
& personnels ne sont plus en usage
que dans nos idées. Je ne laisseray pas
de découvrir icy, ce que j'en ay pû
apprendre.

Il y a des Autheurs qui se sont persuadez, que l'Hommage lige estoit celuy
qui se rendoit à un souverain, & qui
n'ont pas consideré que les Roys ont
des Vassaux simples & des Vassaux liges : & qu'il y a des Vassaux liges des
Roys, lesquels Vassaux ont d'autres
Vassaux liges. Ils n'ont pas examiné
tous les Cartulaires ny toutes les Ar-
chives publiques & particulieres, qui
sont remplies de cecy, ainsi que je le
feray voir cy-aprés.

Il y en a d'autres qui ont mis toute la difference entre l'Hommage simple & l'Hommage lige, en ce que les devoirs & les services dûs à cause de l'Hommage lige, sont reels & personnels, & que les devoirs de l'Hommage simple, ne sont que personnels.

Le sentiment de Bouteiller en sa Somme Rurale, & aprés luy celuy de Carondas, Jurisconsulte excellent, & son Commentateur, est, que tenir ligement en Fief, & tenir immediatement, sont les mesmes choses. Cét avis pourroit donner occasion de conclure, que tenir par moyen en Fief, seroit comme tenir en Arriere-Fief. Mais ce n'est pas la pensée de l'Autheur, ainsi qu'on peut le conjecturer, d'un exemple qu'il rapporte de la Seigneurie de Rumes, qui releve en plein Fief du Roy, à cause de Tournay. Car Bouteiller pretend faire le discernement de l'Hommage lige, d'avec l'Hommage simple ; ou bien distinguer l'Hommage lige en Hommage lige, direct ou immediat, &

en Hommage lige par moyen. Auquel cas l'Hommage direct est sans
doute celuy, qui est dû au Roy & à
sa Couronne, parce que le Vassal
possede un Fief Royal, tel que sont
les Appannages, les Duchez & Pairries, les Prelatures, & les Offices de la
Couronne. Et l'Hommage par moyen
est celuy qui est dû au Roy pour un
Fief, qui releve ligement de ses
Chasteaux & Chastellenies, ainsi
que font aujourd'huy, & de tout
temps ont fait les Vassaux tenans de
sa Majesté, à cause de sa Tour du
Louvre à Paris, de son Chastelet à
Orleans, de sa Tour de Bourges, des
Chasteaux de Montargis, de Baugency, de Gien, de Blois, & des autres
Fiefs dominans.

Il y a aussi lieu de dire, aprés quelques Sçavans, que l'Hommage lige
conditionné, n'est pas à proprement
parler un vray Hommage lige, mais
seulement un Hommage simple; &
l'on entend par l'Hommage lige conditionné, un Hommage qui est fait

à un Seigneur, sauf la ligeance envers un autre. Le sieur Chantereau a donné au public parmy les preuves de son Traitté des Fiefs, plusieurs formules de ces sortes d'Hommages : Mais comme cette condition n'est qu'accidentelle, elle ne change pas la nature de l'Hommage.

Il y a des Autheurs qui ont écrit, que la vraye difference qui est entre ces sortes d'Hommages, consiste en ce que l'Hommage lige se rend à genoux en maniere de suppliant, les mains jointes avec serment de service, contre toute creature vivante. Et en ce que l'Hommage simple se rend debout l'épée au costé avec les gands & les esperons, & les mains en liberté.

La pluspart des Feudistes conviennent, que l'Hommage lige engage par un lien plus étroit le Vassal envers le Seigneur, que l'Hommage simple : principalement à cause du Bien-fait ou du Benefice du Seigneur, pour lequel il luy est dû service per-

sonnel, & plus particulierement à
cause de l'ouverture des Chasteaux,
& Maisons fortifiées que le Vassal doit
faire à son Seigneur (pour user des
termes des anciennes Chartes) à
grande & à petite force : *Ad magnam
& parvam vim*, lors qu'il en a besoin : C'étoit une sorte de Ligence de
nos Anciens, qui mettoiét le Seigneur
dominant en droit de se servir des
Forteresses de ses Vassaux, y établir
Garnisons pendant un temps , & y
assembler des Gens de Guerre , aux
charges & conditions (la cause ces-
sante) de rendre les places bien &
deûment reparées quarante jours
aprés , & en pareil estat qu'elles
étoient auparavant.

Les services de cette nature étoient
attachez à ces sortes de Fiefs, que l'on
appeloit jadis *jurables & rendables* :
dont nous avons plusieurs exemples
considerables au Registre manuscrit
des Hommages du Comté de Poitou, où entr'autres, nous voyons qu'en
l'an 1241. Aimery Vicomte de Ro-

chechoüart, & Seigneur de la Peruse, fit Hommage lige au Comte de Poitou, Alfonce fils de France, & frere de S. Loüis : *Contra omnes qui possunt vivere & mori de castro Perucia & juravit quod castrum Perucia nostro certo mandato, ad forciam magnam & parvam quotiescunque à nobis fuerit requisitus reddet:* Le Cartulaire de Champagne, que le sieur de Chantereau a mis au jour, est remply de quantité de ces devoirs feodaux. Il se trouve une semblable preuve de cecy au Cartulaire de Philippes Auguste, où l'on voit que Manasses de Signelay Evesque d'Orleans, en 1218. S'oblige de mettre entre les mains du Roy, toutes les fois que sa Majesté en aura besoin, la Tour avec la Forteresse de Sully, *Ad magnam vim & præcipuant,* porte le Texte : à condition toutefois que sa Majesté la rendra en mesme estat qu'il l'aura receuë.

Dans la Pancarte du Duché d'Orleans, & dans le Cartulaire de l'Eveschè, je voy bien des moyens oppo-

fez à ce que le service personnel en
Guerre & en autres occasions impor-
tantes soit le principal devoir d'un
Vassal lige, puisque j'y rencontre
plusieurs femmes Vassales de ces deux
grandes Seigneuries, lesquelles par la
condition de leur sexe, sont incapables de telles prestations personnel-
les, & qui toutesfois portent la Foy &
rendent l'Hommage lige au Roy &
à l'Evesque.

Alips de Melun, Veuve de Geoffroy
Husson, Chevalier, Dame de la Baronnie de la Salle, Fief de marque,
mouvant du Chastelet d'Orleans, auquel Fief est joint le Patronnage de
l'Eglise de Clery, pour la moitié des
Prebendes, à partager avec le Duc
d'Orleans Loüis I. qui estoit au droit
du Roy, porta la Foy & rendit l'Hommage lige au mesme Duc le 7. May de
l'an 1466.

Long-temps auparavant, Isabeau
de Nemours, Dame de la Baronnie
d'Achere, mouvante en plein Fief de
l'Evesché & Blanche de Nemours,
& Mahaud de Nemours, ses sœurs,

Pancar-
se du
Duché.

Carte.
de l'E-
vesché
d'Or-
leans.
p. 5. 16.
& 136.

rendirent l'Hommage lige à l'Evefque d'Orleans : les Actes contien-
nent ces termes : *Domina Isabellis
de Nemosio uxor Petri de Varennis
militis, est fœmina Ligia Domini Episcopi
Item Guillelmus de Precigny domicillus
qui habet uxorem Blancham de Nemosio
Domicillam, & domicilla Mathildis de
Nemosio soror dictæ Blanchæ sunt homines
dicti Episcopi & tenent, &c.* Et presque
en mesme temps Jeanne de Lorris, Dame
du Plessis, qui est de la mesme mouvance, fit pareil Hommage : *Nobilis
mulier Ioanna de Loriaco est fœmina
Ligia Domini Episcopi tenens ab eo heber-
gagium suum de Plesseio, &c.*

C'est ce qu'écrit Carondas, fidele
Interprete de la Somme Rurale sur le
titre 82. que les formes des Hommages prescrites par les Coustumes, tiennent toutes de la qualité de Fief lige,
qui emporte obeïssance sans exception, est fort favorable pour prouver que l'hommage simple est une
espece de soûmission, qui ne regarde pas directement la nature des

Fiefs, & que c'est pluſtoſt une choſe
particuliere pour les Princes & pour
les Principautez. Et à parler juſte,
l'Hommage ſimple eſt un reſpect
d'un Prince envers un autre, plus
grand en dignité, plus élevé en puiſſance, Roy ou Empereur, duquel il ne
tient point ſa Principauté. Ce reſpect
n'eſt pas proprement un Hommage,
mais une confederation qu'Hotoman
appelle *Homagium ſociale*, & traduit
ces mots, par ſimple Hommmage de
Paix & d'Alliance.

Et comme cette ſorte d'Hommage
ne bleſſe en rien la Souveraineté, &
qu'elle n'empeſche aucunement celuy qui le rend, de joüir de toutes les
prerogatives de Souverain : C'étoit
de cette ſorte d'Hommage que le
Duc de Bretagne, Jean dit le Vaillant,
l'an 1366. pretendoit ſeulement eſtre
redevable envers nos Roys ; dequoy
toutesfois il paroiſſoit aſſez du contraire par les Hiſtoires, & par les anciennes reconnoiſſances des Ducs,
Artus en 1207. de Jean dit le Roux,

en 1239. & autres Ducs qui ont suivy,
qui se declaroient Hommes liges du
Roy, à cause de leur Duché de Bretagne, & Pairie de France. En voicy
une Formule rapportée par Argentré
en son Histoire de Bretagne: *Nove-*
ritis quod ego feci charissimo meo Domi-
no Philippo Regi Francorum Illustri
Homagium ligium, contra omnes qui
possum vivere & mori.

Il ne faut pas icy faire confusion
du serment de fidelité, que les Evesques rendent au Roy comme à leur
Souverain, ny de celuy que les Roys
des premieres lignées ont requis de
leurs principaux Sujets. envers tous &
contre tous, avec l'Hommage lige,
qui est une marque indubitable de
Feodalité : ny tirer en consequence
le serment de fidelité, qu'Hinemare
Evesque de Laon fit au Roy Charles le Chauve, environ l'an 870.
dont nous avons la Formule dans
le continüateur d'Aimoïn, Moine de
Fleury ; d'autant que cét Autheur a
écrit plus de 200. ans aprés que la
chose

chose s'est passée, & qui a inseré cette
Piece plûtost en Feudiste qu'en Historien : S'estant servy de termes de
cette pratique, pour rendre à la posterité l'action plus éclattante & plus
avantageuse à nos Monarques: Mais
en ce fait il ne s'agissoit pas de Fiefs,
ny selon la maniere de s'énoncer en
ce temps, de Benefices : Il s'agissoit
seulement de reparer par le mesme
Hincmar, la Felonnie & l'infide-
lité qu'il avoit commise contre le
Roy & la desobeïssance contre Hincmar, Archevesque de Reims, son
Oncle & son Metropolitain.

Et il est certain que les avis differens des Jurisconsultes, sur la matiere de Foy & Hommage, ne peut
donner aucune atteinte à la nature des
Fiefs, ny causer qu'un Fief lige,
par les conditions accidentelles, ou
de Souveraineté ou de sujetion, qui
resident dans les personnes des Seigneurs, & en celles des Vassaux, devié-
ne simple, n y aussi qu'un Fief simple
devienne Lige; car un chacun retient

la forme en laquelle il est étably, soit
de lige ou de simple, par la convention primordiale, faite entre le Seigneur & le Vassal.

Outre les Hommages de Service
& de Paix, Bouteiller a encore ob-
servé celuy de Plejure, cette sorte
d'Hommage marque precisement le
devoir d'un Vassal, qui tient son Fief
à condition, que quand son Seigneur
est prisonnier entre les mains de ses
ennemis, ou de ceux de l'Estat, de se
rendre pour luy Ostage & respon-
dant.

Ordinairement l'Hommage est se-
condé d'un serment de fidelité, qui
se fait par le Vassal debout & en postu-
re ferme, les mains jointes entre celles du Seigneur, & dés-là le Vassal
devient son homme lige. Or cette
fidelité, que communément on appelle Foy, est un pacte obligatoire, &
un lien de certaine confiance, d'obeïssance & de service loyal, lequel s'exprime par un serment solemnel, qui
oblige estroitement le Vassal envers
son Seigneur.

Fulbert, Evefque de Chartres, & Chancelier du Roy Robert, en une Epître qu'il écrit à Guillaume, Duc de Guyenne, fait entendre à ce Prince, que le ferment de fidelité s'accomplit en fix principaux points, dans lefquels le Vaffal ne doit jamais manquer à fon Seigneur: & qu'il ne doit ny faire, ny fouffrir qu'aucune chofe luy foit faite, qui puiffe troubler fon repos, qui foit préjudiciable à fa feureté, ou qui bleffe fa repuâtion: & ne doit auffi en rien eftre contraire, ny mettre empefchement aux chofes qui luy font faciles & poffibles. Cét Evefque adjoûte qu'il ne fuffit pas au Vaffal de n'eftre point nuifible à fon Seigneur, qu'il faut encore luy procurer le bien, pour d'autant mieux meriter la joüiffance du Benefice qu'il tient de luy: c'eft à dire, qu'il eft obligé de luy prefter ayde & confeil felon fes forces & felon fa prudence. Et conclud enfin, que reciproquement & pour femblables confiderations, le Seigneur doit la protection à son Vassal.

Il y a un Acte fort authentique,
& qui répond justement à ce sujet
de protection, en un Registre de la
Chambre des Comptes de Paris, où
sont transcrites plusieurs Lettres concernantes les Domaines du Comte
Alfonce de Poitou, & de Tholoze.
On voit en l'une de ces Lettres que
ce mesme Comte donne protection
au Vicomté de Rochechoüard son
Vassal, contre le Seigneur de Bourbon, qui vouloit entrer à main armée
en la Vicomté de Rochechoüard,
& satisfaire son ressentiment pour
quelque déplaisir qu'il avoit reçu du
Vicomte Aimery. En voïcy la teneur:
Alfonsus filius Regis Franciæ, Comes
Pictavensis & Tholosæ . . . . Nobili
& fideli nostro Ioanni Domino de Bor-
bonio salutem & dilectionem. Cum sicut
intelleximus, vos contra Nobilem vi-
rum & fidelem nostrum Vice comitem Ru-
pis cavardi cum armis ire, & terram
ipsius intrare proponatis, vobis manda-
mus, quatenus terram seu Feoda quæ

tenet à nobis dictus Vice comes cum ar-
mis sive hostiliter per vo , vel per alios
non intretis pro maleficiis perpetrandis,
cum parati simus cuilibet conquerenti de
dicto Vice comite, super his quæ ad nos
pertinent exhibere maturæ justitiæ com-
plementum. Datum Parisius die sab-
batho post festum S. Remigii anno 1264.

Sans doute que du temps de Fulbert, toutes ces choses se conduisoient
par la bonne foy. Ceux qui man-
quoient à quelques unes de ces conditions, étoient censez parjures, &
mettoient leurs Fiefs en peril de confiscation. Ce fût par ce motif de bonne
foy, que deux Siecles aprés Fulbert,
ou environ, le Comte de Flandres
Ferrand de Portugal eut tant de re-
pugnance à s'allier avec le Roy Jean
d'Angleterre, attendu l'Hommage
lige que ce mesme Roy avoit juré
au Roy Philippes Auguste.

Mais depuis que les Fiefs, qui pour
lors n'estoient qu'honorables aux
Seigneurs, & onereux aux Vassaux,
sont devenus les principaux Patrimoi-

nes des Familles Nobles , & qu'en
fuite ils ont efté reduits aux coûtumes
des lieux : *les* Quints & Requints, les
Rachats , les Lods & Ventes, & les
autres profits & émolumens qui en
reviennent aux Seigneurs , mettent
les Vaffaux à couvert des peines qu'ils
avoient coûtume d'encourir , pour
avoir manqué à quelques devoirs
Feodaux. Ce qui fait maintenant que
le droit de Fief n'eft plus reconnu ,
que par les profits , felon la coûtume
des lieux. Et l'on ne fçait prefque
plus ce que c'eft qu'Hommage lige
& fervice perfonnel ; qu'en deniers
& en parchemin. Car pour l'ouverture des Chafteaux & des Forterefles , le
droit s'en eft aboly de luy mefme, lors
que les Grands Seigneurs ont perdu
celuy de faire Guerre particuliere.

Par ce difcours, l'on voit clairement que la Foy & l'Hommage, &
les folemnitez qui s'obfervent en l'un
& en l'autre , ont tant de connexité,
que nul ne peut eftre l'homme d'Autruy fans luy eftre fidelle, & que re-

eiproquement on ne peut commettre
Felonnie sans devenir parjure, & confe-
quemment fans le departir de l'Hommage.

L'Hommage lige eftoit autrefois
commun pour tous les Seigneurs, &
fe rendoit tant au Roy, qu'aux Grands
Seigneurs, aux Evefques & aux Abbez. Le Sçavant Pierre de Blois, témoigne affez que c'eftoit l'ufage de
fon Siecle. Et depuis; les ayeux, &
la Foy & l'Hommage rendus au
Roy Philippes Augufte à caufe de
fon Comté de Gien, de nouveau
uny à la Couronne, en l'an 1199.
Les Livres du Domaine du Comté
de Chartres, qui en 1302 n'étoit pas
encore Terre Royale : Celuy des
Fiefs du Comté de Baugency plus
recent : Les Cartulaires des Evef-
chez d'Orleans & de Chartres, jufti-
fient la mefme chofe; & à l'imitation
des Grands Seigneurs, les moindres
en ont abufé, fe fervant du terme de
Lige en tenans leurs Hommages.

Maintenant l'Hommage lige n'ap-

partient qu'au Roy : & qui que ce
ſoit entre les Grands Seigneurs ne
s'en peut ny ne s'en doit ſervir, dans
les Actes de Foy & Hommage qui
leur ſont rendus : à l'exception toutesfois des Seigneurs Apanagers qui
ſont aux meſmes droits que le Roy.
Et ce qu'eſt la Ligeance à l'égard
du Roy & des Apanagers , s'exprime par les termes d'obeïſſance &
de ſervice , à l'égard des Seigneurs
particuliers.

Ceux qui ont traité à fond la matiere
des Fiefs , ont mis en queſtion , ſi nos
Roys lors qu'ils uniſſent quelque Fief
à leur Couronne, ſoit par achapt , par
confiſcation , par ſucceſſion , par au-
benage ou desherence , ſont tenus à
l'Hommage envers les particuliers
leurs Sujets. Ils tiennent pour la pluspart , que non , par ce que le Fief re-
tourne à ſa ſource, & la Foy & l'Hommage ſuivent la choſe qui y eſtoit
ſujette : Mais quant aux profits , de
Quint de Requint & de Rachapts.
Ils tiennent que le Roy en doit dé-

dommager les Seigneurs, encore qu'ils
soient ses Sujets

Leur avis est fondé à l'égard de
l'Hommage sur les exemples, & sur
la pratique ordinaire. Le contraire
dérogeroit grandement à la Dignité
des Roys de France, qui ne recon-
noissent aucun Seigneur au dessus
d'eux, non pas mesme en cas de suc-
cession, d'autant que par le droit des
François, tous les Domaines qui sont
unis à la Couronne de France, par
quelque moyen que ce soit, luy deviennent aussi propres, que son plus
ancien Domaine.

Il n'est pourtant pas sans exemple,
que quelque fois nos Roys, n'ayent
fait la Foy & Hommage aux Evesques & aux Eglises : Mais cette dé-
ference à laquelle ils ne peuvent estre
contraints, procedoit plûtôt d'un
témoignage du grand respect qu'ils
portoient à l'Eglise, que par aucun
abandon du droit de leur Couronne.

Je voy cét usage étably au Pays
Orleannois, sur la mouvance d'Ieüre

le Chastel. Cette Terre qui est aujour-
d'huy une Chastellenie du Duché
d'Orleans, appartenoit anciennement
à des Seigneurs particuliers du nom
de Monfort, & relevoit en plein Fief
de l'Evesché d'Orleans. Sous le Regne de Philippes Auguste, elle a esté
reünie au Domaine de la Couronne.
Depuis ce temps on ne voit pas que
les Roys ayent rendu aucun Hommage aux Evésques d'Orleans, toutesfois il payent le Cierge dû à l'E-
glise de Sainte Croix, & envoyent
comme possesseurs d'une Baronnie de
l'Evesché, un Chevalier pour porter
les Evesques à leurs nouvelles entrées:
Excellentissimus dominus noster Rex
tenet Euram Castrum à domino Episcopo,
& debet cereum Sanctæ Crucis, quem
præpositus de Eura debet quot annis no-
mine domini Regis, in Ecclesia Aure-
lianensi per manum Militis : Et debet
dominus Rex mittere Militem pro se ad
portandum Episcopum. Le Livre des
Fiefs de l'Evesché d'Orleans, nous
fournit cette preuve.

Il reste maintenant à sçavoir de
quelle Nation est le mot de Lige, s'il
est François ou Italien. Il peut y avoir
du doute, veu qu'il est pre queaussiâgé
en France qu'en Italie. Il y a des Autheurs qui tiennent qu'il est originaire
de la Poüille, & qu'il fut mis en usage
au Concile de Melfe où presidoit le
Pape Urbain II. (c'est ainsi qu'en parle
Romualde Evesque de Salerne en sa
Chronique, sous l'an 1090. Indiction
XIII. Cét Autheur qui vivoit du
temps du Pape Alexandre III. dit
que le Duc Roger s'étant trouvé à
Melfe, se fit Homme lige du Pape:
Papæ Ligius homo est effectus, & promit
par serment de garder fidelité à l'E-
glise de Rome ; au mesme Pape &
à ses Successeurs canoniquement
élûs. Il s'en trouve aussi d'autres qui le
font François, par la raison que le Roy
Philippes I. l'an 1101. receut le Comte Thibault de Champagne Homme
lige : *Philippus D. G. F. R. &c. Reci-*
pimus Theobaldum Comitem Trecensem
in Hommem ligium de tota terra quam

Avunculus noster Henricus pater ejus tenuit à nostro genitore. Je tombe fort dans ce sentiment, & il y a apparence que le Pape Urbain II. qui étoit François, & de l'Illustre Maison de Chastillon sur Marne, employa volontiers ce mot de lige usité dans le Païs où il avoit pris naissance, pour exprimer plus energiquement la dépendance & la sujetion du Duc Roger, & de ses Successeurs envers le Saint Siege.

Je finis par un mot, au sujet de la Felonnie, sous le nom de laquelle sont comprises toutes les actions injurieuses d'un Vassal, contre la personne & les droits de son Seigneur. Et je dis que tout ainsi que la Foy & l'Hommage composent le neud, qui conserve le Vassal dans la juste possession de son Fief. De mesme les actes opposez à la Foy & à l'Hommage le font déchoir de son droit.

La Coûtume des Lombards met en avant plusieurs cas de Felonnie, qui faisoient jadis encourir au Vassal la perte de son Fief. En voicy les principaux : Si le Vassal avoit lâchement abandonné son Seigneur blessé en guerre & que la mort s'en fût suivie, manque de son secours : Si le Vassal a revelé malicieusement un secret important, que son Seigneur luy eust confié : Si le Vassal assiegeoit le Château de son Seigneur : S'il avoit tué le frere de son mesme Seigneur, ou quelqu'un de son prochain lignage : Si le Vassal avoit deshonoré son Seigneur par quelque parole, ou par quelque action de turpitude : *Si uxorem Domini corruperit*, dit le Texte, *si filiam si nurum, si sororem, si neptem ex filiis vel cum eis turpiter luserit.* tous ces cas se reduisent à nostre usage sous le terme de Felonnie, qui met le Seigneur en droit de confisquer le Fief de son Vassal, comme sur un ingrat, sur un parjure, & sur un perfide.

FIN.

PERMISSION.

NOUS, François Foucault, Escuyer, Seigneur des Eroffes, Conseiller du Roy, Lieutenant Particulier Civil & Criminel au Bailliage & Siege Presidial d'Orleans, & Daniel de Saint Mesmin, Conseiller du Roy & de Son Altesse Royale, & leur Procureur esdits Sieges. Avons permis à JEAN BOYER, Imprimeur & Libraire ordinaire du Roy, & de Monseigneur le Duc d'Orleans, d'imprimer, vendre & debiter le Livre intitulé : *Traitté de la Noblesse*, à la fin duquel est un discours de l'Origine des Fiefs, Foy & Hommage, composé par Messire ROBERT HUBERT, Protonotaire du saint Siege Apostolique, Conseiller & Aumônier ordinaire du Roy, Chantre & Chanoine de l'Eglise Royale S. Aignan de ladite ville d'Orleans. Avec deffenses à tout autre de l'imprimer, à peine de confiscation, & d'amende arbitraire. Fait & donné à Orleans, le dix-septiéme Avril mil six cens quatre-vingt-un, & avons signé, & fait contresigner par le Greffier dudit Siege.

FOUCAULT, DE SAINT MESMIN.
PASQUIER, Greffier.

Page 74. Ligne 4. *Bacollus* lifez *Bacellus.*
Page 108. Ligne 23 *Status* lifez *Statuës*
Page 121 Ligne 9 *Thibavet* lifez *Thibault.*
Page 128. Ligne 29 *1685* lifez *1585.*
Page 135. Ligne 5. *Aucun autre* lifez *aucun'autre.*
Page 136. Ligne 10. *Henorius* lifez *Honorius.*
Page 143. Ligne 9. *Eurapide* lifez *Euripide*
Page mefme Ligne 15. *Exictunt* lifez *exiftunt.*
Page 145 Ligne 1. *Peut* lifez *peuvent.*
Page 146. Ligne 2. *Chreftienne, Morale* lifez *Chreftienne, dans celle de la Morale.*
Page 162. Ligne 11. *Praticiens* lifez *Patriciens.*
Page 163. Ligne 6. *Eftoit* lifez *eftoient.*
Page 164. Ligne 25. *Tribuis* lifez *tribuit.*
Page 165. Ligne 27. *que Prince* lifez *que ce Prince.*
Page 171. Ligne 1. *Fiefs* lifez *Fief.*
Page 174. Ligne 16 *Grifegenelle* lifez *Grifegonelle.*
Page 176. Ligne 16. *Invifible* lifez *Indivifibile.*
Page 195. Ligne 5 *Diftinctoin* lifez *diftinction.*
Page 199. Ligne 25. *C'eftoient* lifez *c'eftoit.*
Page mefme ligne 27. *Loüis Ieune* lifez *Loüis le Ieune.*
Page 206. Ligne 25 *Domicilla* lifez *Domicella.*
Page 208. Ligne 7. *Noverilis* lifez *Noveritis.*